HEYNE BÜCHER
SACHBUCH

Gottfried Kirchner

TERRA-X

Bilder alter Welt-kulturen

WILHELM HEYNE VERLAG
MÜNCHEN

HEYNE SACHBUCH
Nr. 19/206

Redaktion: Sabine Becker

Printed in Germany 1991
Umschlagfoto: Silvestris Fotoservice, Kastl/Obb.
Umschlaggestaltung: Atelier Adolf Bachmann, Reischach
Herstellung: H + G Lidl, München
Satz: Satz & Repro Grieb, München
Druck und Verarbeitung: RMO, München

ISBN 3-453-05568-3

Inhalt

Die Spur der Giganten

Europas steinerner Horizont

Carnac ist ein kleiner Badeort in der Bretagne, der vor allem durch eine Ansammlung von Menhiren bekannt ist, die am Rande des Städtchens stehen. Fast 3000 aufrechte Felsblöcke ziehen sich vier Kilometer quer durch die Ginsterheide. Zehn bis elf parallele Reihen bilden eine gewaltige steinerne Allee. Sie stammen aus einer Zeit, die uns nichts Schriftliches hinterlassen hat. Sehr früh entstand daher die Legende von dem Heiligen, der von einer römischen Legion verfolgt wurde und seine Feinde durch Gebete in Stein verwandelte.

Mittlerweile weiß man, daß solche Menhire um 3000 v. Chr. aufgestellt wurden. Wissenschaftler stießen bei Ausgrabungen auf Tonscherben, anhand derer eine Datierung vorgenommen werden konnte. Die Erklärungen dieser ›Großsteine‹ sind jedoch nach wie

1 Das Doppelheiligtum von Mnaidra aus dem 3. Jahrtausend v. Chr. liegt im Süden der Insel Malta, am Rande Europas. Von den Ruinen aus sieht man das Mittelmeer.

vor vielfältig: Man spricht davon, daß die Pfeiler als Sitz der Seelen von Verstorbenen dienten, von einer Kultstätte, aber auch von einem steinernen Kalender, mit dem man die Zeit messen konnte. Beim Übergang von der Mittel- zur Jungsteinzeit war dies besonders nötig geworden, da die Menschen immer mehr Landwirtschaft betrieben. Die exakte Einteilung in Jahreszeiten war für die Arbeit auf dem Feld wichtig. So kann durch die Anordnung der Steine z. B. der Sonnenuntergang zur Tagundnachtgleiche auf die Sekunde genau festgelegt werden.

Neben diesen Steinansammlungen findet man immer wieder einzelne Menhire. Sie dienten wahrscheinlich als Visierstangen und waren unübersehbare Orientierungspunkte und Landmarken für die Schifffahrt der Frühzeit. Viele von ihnen ragen daher an der Küste auf.

Der *Große Menhir* von Locmariaquer, der schon vor langer Zeit in vier Teile zerbrochen ist, stand im Zentrum eines ausgedehnten Observatoriums. Gleich dahinter steigt ein kleiner Erdhügel an, der *Tisch der Kaufleute.* Vor Jahrtausenden wurden hier eine Feldhacke und Krummstäbe in die Steine unter der Erde geritzt. Diese Reliefmuster treten jedoch nur während der Sommersonnenwende um den 21. Juni plastisch hervor, da an diesem Tag das Licht durch eine Lücke in der Wand schräg auf den Stein fällt. Es erinnert dann an ein Kornfeld mit reifen Ähren. Der Raum diente wahrscheinlich als Kultplatz für eine Erntezeremonie. Die wichtige Rolle des Ackerbaus wird dadurch erneut deutlich. Vor 5000 Jahren lebten rund 10 000 Menschen in diesem Gebiet, die sich von den landwirtschaftlichen Erträgen und dem fischreichen Atlantik ernährten. Ansätze einer Arbeitsspezialisierung sind erstmals in dieser Zeit zu erkennen. Es gab Bauern, Fischer, aber auch Fachleute für den Steinbau.

Im Golf von Morbihan liegt die sagenumwobene Toteninsel Gavrinis. Über ihrem Uferhang thront ein künstlicher Hügel, 8 Meter hoch und 50 Meter breit. Es handelt sich um ein gewaltiges Königsgrab. Obwohl die Anlage bereits 1832 entdeckt wurde, sind noch heute Archäologen mit Vermessungen, Ausgrabungen und Restaurierungsarbeiten beschäftigt. Eine monumentale Fassade aus Steinen wurde bereits freigelegt. Die Seitenwände sind im Lauf der Jahrtausende eingestürzt; Boden und Bauwerk wurden aber gerade dadurch geschützt. So hat man Reste von Holzkohle gefunden, die verrieten, daß die Anlage aus der Zeit um 2500 v. Chr. stammt. Weitere interessante Funde waren die Werkzeuge, mit denen die Ornamente im Inneren der Anlage herge-

stellt wurden. Die Menschen arbeiteten mit Quarzkieselsteinen, die von Geologen auch als ›Dreikanter‹ bezeichnet werden.
Im Innern des Raumes säumen mächtige Granitplatten mit Mustern, meist konzentrischen Halbkreisen und Bögen, den Gang zur Grabkammer. Die Bedeutung dieser Ornamente ist bis heute noch nicht geklärt. Sie hängen wahrscheinlich mit dem Glauben der Menschen an ein Leben nach dem Tod zusammen.
Direkt vor Gavrinis liegt eine weitere Insel: Er-Lanic. Hier ziehen sich die Menhire in einem Halbkreis bis zum Ufer hinab, die restlichen Steine stehen im Meer und sind nur bei äußerst niedriger Ebbe zu sehen. Sie stellten einst zwei Steinringe dar, die sich berührten. Die Anlage folgt dabei einem mathematisch genauen Plan. Die Archäologen sind sich jedoch noch nicht darüber im klaren, ob sie in Zusammenhang mit dem Grab in Gavrinis steht oder eine völlig andere Funktion hatte. Vielleicht dienten die Menhire auch als Orientierung für die Seefahrer.

Schon vor 5000 Jahren herrschte vor der Küste Europas ein reger Verkehr. Händler segelten in primitiven Booten aus mit Tierhaut bespannten Holzrümpfen bereits von der Nordsee bis zum Mittelmeer. Sie erreichten viele Inseln, unter anderem Korsika, wo die geschützten Buchten ideale Landeplätze boten.
Die Insel ist sehr gebirgig. Es wurde damals nur wenig Ackerbau betrieben. Statt dessen bestand die Bevölkerung vor allem aus Fischern, Jägern und Hirten. Wie in der Bretagne gibt es auch auf Korsika aufrecht stehende Steine. Bei Palaggiu fand man 258 behauene Pfeiler, die ursprünglich mehrere Reihen bildeten. Sie wurden jedoch sorgfältiger bearbeitet, gekerbt und z. T. in überlebensgroße Gestalten verwandelt. Die ersten Steinplastiken Europas entstanden hier vor 3600 Jahren, Figuren mit menschlichen Zügen. Solche Statuen findet man vor allem in Filitosa, einer frühen Kultstätte, bei der sowohl Opferplätze und Wohnräume als auch Grabkammern angelegt waren.
Um 1300 v. Chr. fielen fremde Eroberer in das Land ein. Die Einheimischen haben die getöteten Feinde in Stein verewigt, um deren Macht zu bannen. Die Eindringlinge waren jedoch mit moderneren Waffen wie Schwerter und Dolche aus Bronze ausgerüstet. Die Figuren zeigen auch die Kleidung der Feinde: Helme mit Nackenschutz und gepolsterte Brustpanzer. Sie besiegten die Korsen und zerschlugen die Porträts, um die Steine zum Aufbau von Festungen zu verwenden.

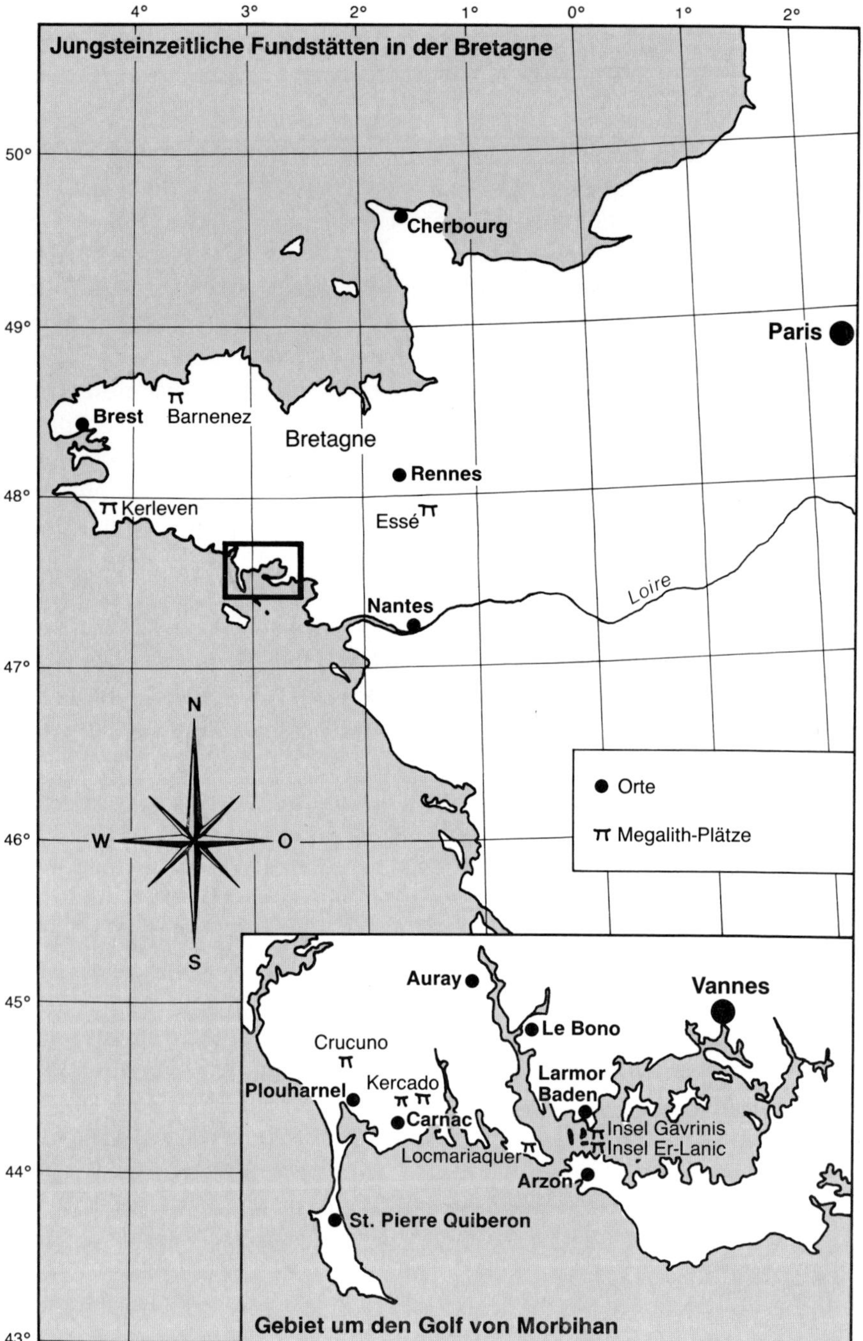
Jungsteinzeitliche Fundstätten in der Bretagne
4°
3°
2°
1°
0°
1°
2°
50°
49°
48°
47°
46°
45°
44°
43°
Cherbourg
Paris
Brest
Barnenez
Bretagne
Rennes
Kerleven
Essé
Nantes
Loire
N
W
O
S
Orte
Megalith-Plätze
Auray
Vannes
Le Bono
Crucuno
Larmor Baden
Kercado
Plouharnel
Carnac
Insel Gavrinis
Insel Er-Lanic
Locmariaquer
Arzon
St. Pierre Quiberon
Gebiet um den Golf von Morbihan

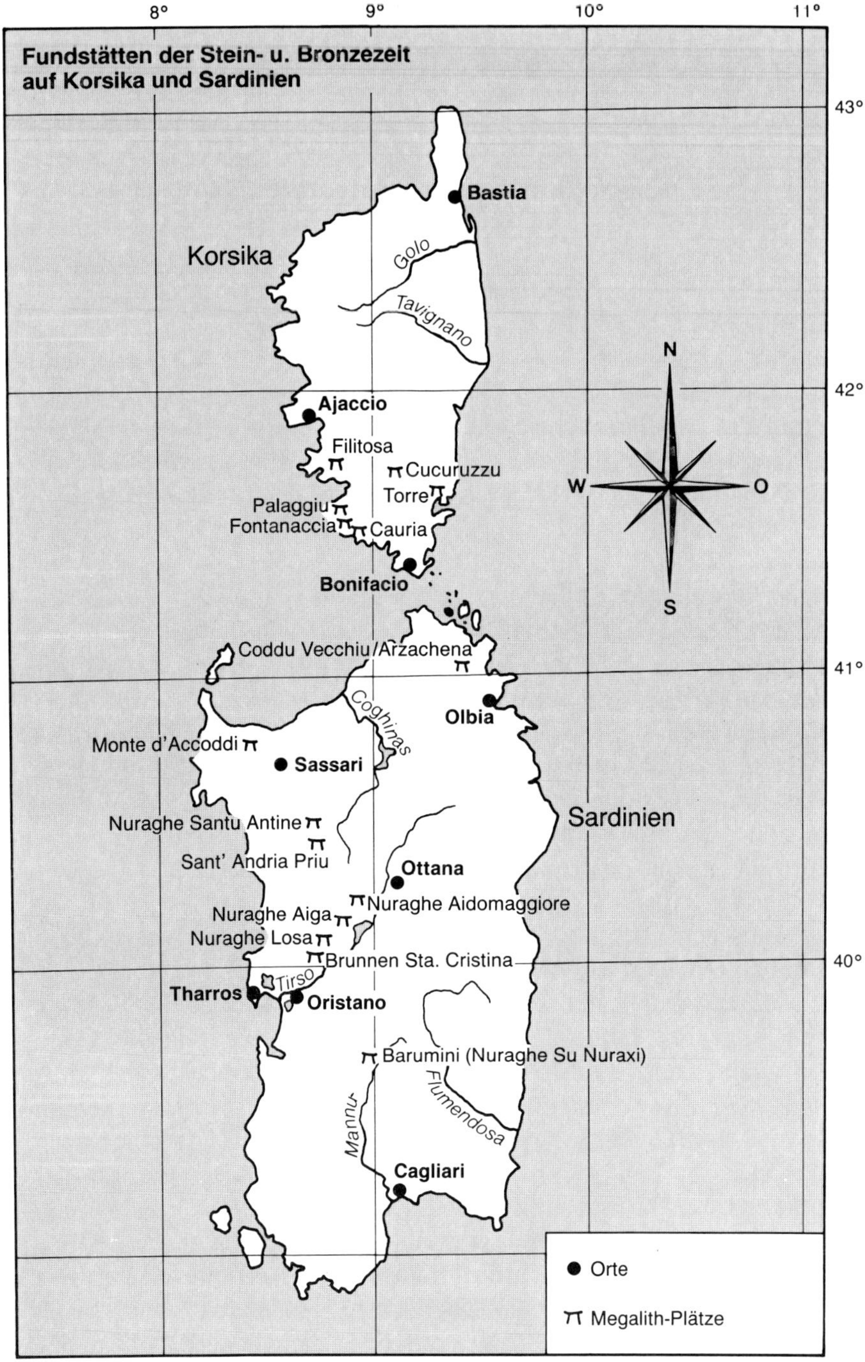

Fundstätten der Stein- u. Bronzezeit
auf Korsika und Sardinien
8°
9°
10°
11°
43°
42°
41°
40°
Korsika
Bastia
Golo
Tavignano
Ajaccio
Filitosa
Cucuruzzu
Torre
Palaggiu
Fontanaccia
Cauria
Bonifacio
N
W
O
S
Coddu Vecchiu/Arzachena
Olbia
Coghinas
Monte d'Accoddi
Sassari
Nuraghe Santu Antine
Sant' Andria Priu
Sardinien
Ottana
Nuraghe Aidomaggiore
Nuraghe Aiga
Nuraghe Losa
Brunnen Sta. Cristina
Tirso
Tharros
Oristano
Barumini (Nuraghe Su Nuraxi)
Mannu
Flumendosa
Cagliari
Orte
Megalith-Plätze

Die Spuren dieser Eindringlinge führen nach Sardinien. Aus dem 9. Jh. v. Chr. sind dort ganz ähnliche in Bronze gegossene Figuren erhalten. Auf beiden Inseln tragen sie Helme mit Hörnern. Dieser Schmuck hing wahrscheinlich mit einem alten Stierkult zusammen, der auf den Mythos vom Minotaurus zurückgeht. Noch heute gibt es den Brauch, daß sich die Männer mit Schafsfellen und Tiermasken verkleiden. Vor allem während des Karnevals lebt diese Tradition auf. Der Mensch bändigt symbolisch die Kraft der Natur und zwingt den Stierdämon Minotaurus zu Boden.

Auf einem Plateau bei Sant' Andria Priu im Norden Sardiniens erhebt sich ein solcher steinerner Stiergott mit abgeschlagenem Kopf. Er bewacht eine unterirdische Totenstadt. Um 2000 v. Chr. wurde dieses Labyrinth von Höhlen und Gräbern in den Fels gehauen. In der Vorhalle findet man viele Vertiefungen als Schalen für die Opfergaben, aber auch für Essen und Getränke, die man den Toten brachte. In der großen Halle wurden die Geister der Ahnen verehrt. Von hier aus waren Verbindungsgänge zu kleineren Räumen angelegt, wo die Verstorbenen beigesetzt wurden, meist Mitglieder einer Sippe oder eines Stammes.

Daneben gab es noch eine andere Bestattungsart. Forscher vermuten, daß die Toten auf die Terrassen riesiger Bauwerke gelegt wurden. Durch den Verwesungsprozeß setzte sich im Lauf der Jahrhunderte Phosphorwasserstoff auf den Mauern ab, der nachts gespenstisch leuchtete. Die phönizische Bezeichnung dieser Anlagen, *Nuraghe*, ›Turm des Feuers‹, läßt sich möglicherweise so erklären.

Die Nuraghen sind das Wahrzeichen Sardiniens. Sie stammen aus der Zeit zwischen 1500 und 400 v. Chr. Viele wurden aus strategischen Gründen errichtet. Im Waffenhof der Nuraghe Santu Antine hat man für den Belagerungsfall sogar eine Zisterne angelegt. Geschlossene Wehrgänge mit zahlreichen Schießscharten für die Bogenschützen weisen ebenfalls darauf hin. Zugleich waren diese Anlagen aber auch Kultstätten für Zeremonien. Nach neuesten Forschungen dienten einige sogar einem Sonnenkult. Auch hier findet sich eine Stelle innerhalb des Raumes, welche die Sonne nur mittags am Tag der Sonnenwende beleuchtet. Dies war der Ort, von dem aus der Priester die Weissagungen für die nächste Jahreshälfte machte.

Über die ganze Insel waren etwa 11 000 Nuraghen verteilt, in Sichtweite zueinander angelegt. Die einzelnen Festungen bildeten daher auch Knotenpunkte eines gut ausgebauten Fernmeldenetzes. Wichtige

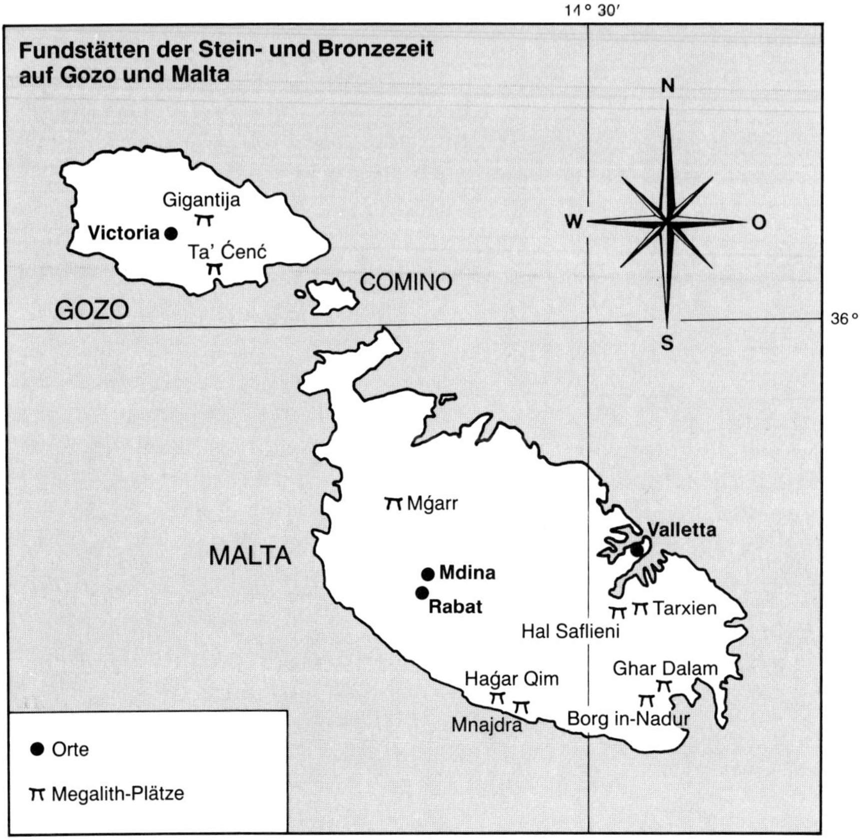

Nachrichten konnten durch Lichtsignale von den kegelförmigen Türmen aus übermittelt werden.

Knapp 600 Kilometer südöstlich liegt die nächste Station auf der ›Giganten-Route‹: der Inselstaat Malta. Er bildet einen Schnittpunkt zwischen Abendland und Orient und war von jeher ein Sammelbecken der verschiedensten kulturellen Strömungen. Mdina hieß die alte Hauptstadt mit ihren Palästen der Ordensritter. Der Name stammt aus dem Arabischen. Auf der kleinen Inselgruppe stehen noch heute 30 mächtige Tempelruinen.

Den ältesten Tempel findet man auf der Insel Gozo. Er heißt *Gigantija* und wurde um 3000 v. Chr. errichtet. Obsidianbeile und harter Feuerstein dienten als Werkzeuge zur Bearbeitung der riesigen Platten und Quader aus Korallenkalk. Man fand zahlreiche Steinkugeln neben den großen Blöcken. Damit konnten die Platten, in die Vertiefungen

eingemeißelt waren, nach dem Prinzip eines Kugellagers vom Steinbruch hergerollt werden.
Solche Rollsteine finden sich auch bei anderen Tempelanlagen wie Hal Tarxien, das um 2400 v. Chr. erbaut wurde. Es war die größte Kultstätte auf Malta und liegt heute am Rand der Inselhauptstadt Valletta. Zahlreiche Bilder und Ornamente schmücken die Wände und Türstürze. Die Spirale erscheint als Hauptmotiv. Es gibt aber auch naturalistische Szenen mit verschiedenen Tieren, die geopfert wurden. Diese Opfer galten der *Großen Erdmutter*, deren riesige Statue hier stark zerstört ist. Kleinere Figuren in Tempeln zeigen jedoch ihre volle Gestalt: Sie hatte breite Hüften und winzige Arme und verkörperte immerwährende Fruchtbarkeit. Das größte Rätsel von Malta liegt allerdings direkt an der Erdoberfläche. Auf der Hochebene bei den Klippen von Ta'Čenč sind in das Gestein paarweise Rillen eingemeißelt. Sie sehen wie eine stillgelegte Bahnstrecke aus, sind jedoch schon etwa 4000 Jahre alt. Die Spurbreite ist nahezu überall gleich. Aus der Luft betrachtet, zeichnet sich ein regelrechtes Streckennetz mit Weichen, Abzweigungen und Nebengeleisen ab. Ganz eindeutig handelt es sich hier um Fahrspuren. Wir wissen jedoch bis heute nicht, wie die Fuhrwerke aussahen und wie die Geleise hergestellt wurden. Einige führen direkt ins Meer.
All diese Ruinen, unterirdischen Totenstädte und das geheimnisvolle Verkehrssystem zeugen noch heute von der hochentwickelten Kultur, die auf Malta schon vor Jahrtausenden zu finden war und die es zum Zentrum der Zivilisation im gesamten Mittelmeerraum werden ließ.

2 In ihrer Begeisterung für die alten Kelten und Druiden-Priester begannen französische Künstler und Literaten sich Anfang des 19. Jhs. auch für die Megalithen von Carnac zu interessieren. Die romantische Sicht hat jedoch häufig die Größenverhältnisse verfälscht, wie auf diesem Kupferstich von 1805: Die Menhire von Kermario rücken übermächtig in den Vordergrund, darunter ziehen sich steinerne Alleen, wie mit dem Lineal gezogen, bis an den Grabhügel Saint Michel (A) und das Dorf Carnac (B); am Horizont die Halbinsel Quiberon (C).

3 Am Rand des kleinen Badeorts Carnac ziehen sich fast 3000 aufrecht stehende Felsblöcke über vier Kilometer hin, angeordnet in 10–11 parallelen Reihen. Diese Menhire oder ›langen Steine‹ wurden bereits um 3000 v. Chr. aufgestellt.

4 Heute versuchen Wissenschaftler, durch exakte Vermessungen und ständige Beobachtung der Gestirne die Menhir-Reihen als ein gigantisches steinernes Kalendersystem zu erklären.

5 Der wohl größte Menhir der Bretagne liegt in vier Teile zerbrochen bei Locmariaquer. Die Trümmer wiegen zusammen 382 Tonnen. Würde man die Bruchstücke aufeinandersetzen und befestigen, hätte man einen 20 Meter hohen Signalmast aus Granit, der frühzeitlichen Seefahrern vermutlich als Orientierungspunkt und Landmarke diente.

6 In Gräbern wie auf der Insel Gavrinis fand man Schmuck, zum Beispiel diese Kette aus hellgrünem Jadeit. Die größten Stücke haben Phallus- und Vulva-Formen und sollten dem Besitzer Fruchtbarkeit verleihen. *(Museum Vannes, Bretagne)*

7 Direkt hinter dem *Großen Menhir* stützt ein tonnenschwerer, mit rätselhaften Zeichen bedeckter Felsblock die Deckplatte des *Tisches der Kaufleute*, einer unterirdischen Kammer. Auch hier müssen die unbekannten Erbauer hervorragende astronomische Kenntnisse besessen haben. Sie ließen bewußt in der Wand seitlich des spitzbogigen Tragsteins eine Lücke. Nur einmal im Jahr, zur Sommersonnenwende am 21. Juni, fällt durch diese Öffnung das Tageslicht schräg auf den Stein und läßt das Reliefmuster plastisch hervortreten: ein Kornfeld mit reifen Ähren, die sich im Wind neigen; Hinweis auf einen Kultplatz für einen Fruchtbarkeits- oder Erntezauber.

8 Gegenüber von Gavrinis liegt eine weitere Insel: Er-Lanic, ›die kleine Heide‹. Dort ziehen sich die Menhire bis ins Meer hinein, wo sie jedoch nur bei äußerst tiefer Ebbe zu sehen sind. Die Einheimischen nennen das Bauwerk deshalb ›Tempel unter dem Meer‹.

9 Die Steinkreise der Insel Er-Lanic im Golf von Morbihan.

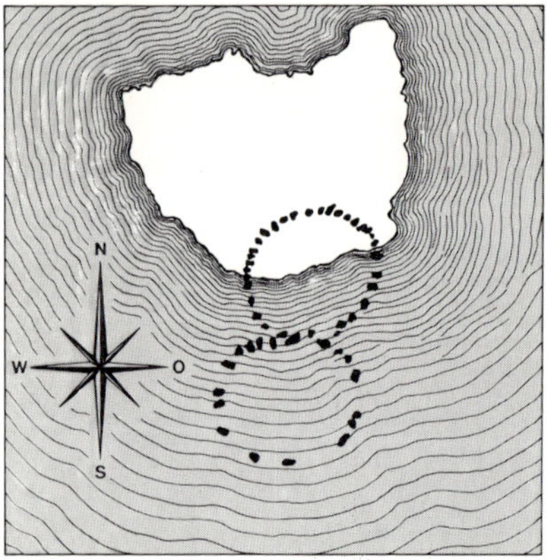

10 Erst das Luftbild löst das Rätsel um die Menhire von Er-Lanic: Nur ein Viertel der gesamten Anlage steht auf festem Boden. Der Rest des sogenannten Cromlech, des ›Steinkreises‹, ruht im Meer und rundet die geometrische Form ab. Sie hat etwa 50 Meter Durchmesser und wird von einem zweiten, gleich großen Kreis berührt, der aber selbst bei Ebbe unter Wasser liegt. Die beiden Steinringe bilden eine Acht und entsprechen den zwei äußersten Punkten des Sonnenstandes. Die Verbindungslinie zwischen den Kreisen verläuft genau in Ost-West-Richtung (siehe Zeichnung). Offenbar wurde die Anlage nach einem mathematisch exakten Plan errichtet.

11 Der Dolmen von Fontanaccia im Südwesten Korsikas. Das keltische Wort Dolmen bedeutet ›Steintisch‹. Hier aber handelt es sich um die größte und besterhaltene Grabanlage auf Korsika, von den Einwohnern auch *Stazzona del Diavolo,* ›Teufelsschmiede‹, genannt. Sie besteht aus sechs aufgerichteten Steinplatten und einer über drei Tonnen schweren Deckplatte aus Granit. Die Grabkammer ist 2,6 Meter lang, 1,6 Meter breit und 1,8 Meter hoch. Der französische Schriftsteller und Kunsthistoriker Prosper Mérimée entdeckte das Monument 1840 in einer völlig einsamen Gegend. Grabbeigaben wurden nicht gefunden, Schatzsucher hatten den Dolmen schon längst geplündert.

13 Filitosa im Südwesten Korsikas war der Mittelpunkt der frühzeitlichen Zivilisation auf dieser Insel. Kultplatz und Siedlung liegen inmitten einer fruchtbaren Hügellandschaft zu Füßen bizarrer Tafoni-Felsen. Der Ort war schon um 5000 v. Chr. bewohnt.

◁ 12 Nahe bei Fontanaccia erheben sich die Steinreihen von Stantari. Es sind keine rohen, naturbelassenen Menhire mehr wie in der Bretagne, sondern sorgfältig bearbeitete Skulpturen aus der Mitte des 2. Jahrtausends v. Chr. Im Detail erkennt man Gesichter, ein dolchartiges Schwert und ein über die Schultern laufendes Wehrgehänge.

14 Torso einer Menhir-Skulptur, die von den torreanischen Eroberern Filitosas um 1300 v. Chr. zerstört wurde. Unter dem Kopf erkennt man eine dolchartige Waffe. Die Torreaner vermauerten die Bruchstücke dieser Statuen in ihren eigenen Bauwerken; Archäologen haben die Figurenreste freigelegt.

15 Mächtige Steinburgen zwischen Weinfeldern – ein typisches Bild für das Kernland Sardiniens. Diese *Nuraghen* sind das einzigartige Wahrzeichen der Mittelmeerinsel, errichtet zwischen 1500 und 400 v. Chr. Hier einer der besterhaltenen bei Santu Antine.

16 So können die sardischen Eroberer Korsikas ausgesehen haben: Hunderte von *Bronzetti* (Bronzefiguren), die seit dem 9. Jh. v. Chr. gegossen wurden, repräsentieren wehrhafte Krieger, wie diesen Bogenschützen in orientalischer Tracht. Teile des Bogens fehlen. *(Museo Archeologico Nazionale, Cagliari)*

18 Der Nuraghen-Komplex Su Nuraxi bei Barumini im Zentrum Sardiniens ist der größte auf der Insel und eine der wichtigsten bronzezeitlichen Anlagen im Mittelmeerraum. Er besteht aus einer Festung, ca. 60 steinernen Rundhütten, die das Dorf unterhalb der Burg bildeten, einer Außenmauer und einem Vorwerk. Die Siedlung entstand zwischen dem 14. und 6. Jh. v. Chr.

◁ 17 Vermutlich entspricht dieses ovale Bronzeboot, dessen Bug in einen schlanken Stierkopf ausläuft, mit der durchbrochenen Bordwand und einem Mast im Zentrum jenem Schiffstyp, mit dem die Sarden das Mittelmeer befuhren und wahrscheinlich auch Korsikas Küste erreichten. Die bronzenen Bootsmodelle dienten meist als Öllampen. *(Museo Archeologico Nazionale, Cagliari)*

19 Bei Sant'Andria Priu im Norden Sardiniens liegt eine einzigartige Totenstadt. In den weichen Trachytfelsen wurde um 2000 v. Chr. ein Labyrinth von Höhlen und Gräbern gehauen. Um die Verstorbenen und ihre Beigaben vor Räubern zu schützen, hat man den Haupteingang zur Nekropole so hoch angelegt, daß er von unten nur über Leitern, von oben mit Hilfe von Seilen zu erreichen war. Noch heute ist der Zugang schwierig und kostet viel Zeit.

20 Die unterirdische Totenstadt Sant'Andria Priu wird von einem steinernen Stiergott bewacht, der aus einem einzigen Felsblock gemeißelt wurde und auf dem Trachyt-Plateau steht. Sein Kopf wurde abgeschlagen.

21 Dämonen mit Stierkopf begegnet man noch heute leibhaftig in den Bergen Sardiniens. Seit Menschengedenken, zwischen Wintersonnenwende und Frühlingsanfang, verkleiden sich die Männer von Ottana und Mamoiada in der Barbagia mit Schafsfellen, Tier- und Menschenmasken aus Holz oder Kork. Die Stiermenschen, Nachkommen des legendären Minotaurus, heißen *Mammuthones,* ihre lassowerfenden Verfolger mit den dunklen Menschenmasken werden *Soccadores* genannt.

Dieser Brauch, der heutzutage vor allem während des Karnevals auflebt, erinnert an jene Zeit, als die umherstreifenden Jäger seßhafte Viehzüchter wurden, als die Hirten den wilden Stier mit der Lederschlinge einfingen und zähmten.

23 Überall in Europa entstanden bei heidnischen Kultplätzen christliche ▷ Andachtsstätten, so auch in Santa Cristina auf Sardinien. Unmittelbar neben dem vielbesuchten Wallfahrtsort liegt der schönste Brunnentempel der Insel aus nuraghischer Zeit. Hier wurden neben Bronzefiguren des 9. Jhs. v. Chr. auch phönizische Goldplättchen gefunden. Archäologen haben dieses uralte Heiligtum mit dem geometrisch perfekt angelegten dreieckigen Treppeneingang aus regelmäßig verfugten Quadern genau untersucht. Sie stellten fest, daß nur während der Tagundnachtgleichen im Frühjahr und Herbst die Sonne auf den Grund des Brunnens scheint und die Treppenstufen beleuchtet. Dieses Bauwerk beruht also auf präzisen astronomischen Kenntnissen. Santa Cristina gilt als eines der ältesten Observatorien Europas.

22 Das ›Gigantengrab‹ Coddu Vecchiu bei Arzachena in der Nähe von Olbia stammt aus dem 2. Jahrtausend v. Chr. und besitzt eine herausragende Eingangsstele mit einem Loch, durch das die Seele der Verstorbenen ein- und ausgehen konnte.

24 Auf Gozo, einem Nachbareiland der Insel Malta, steht der älteste Tempel der Inselgruppe. Bezeichnenderweise heißt er *Gigantija*. Nur Riesen, so glaubten die Menschen früher, konnten diese gewaltigen Mauern hochtürmen. Heute weiß man, daß die Ureinwohner das Heiligtum um 3000 v. Chr. errichtet haben. Als Baumaterial wurde verwitterter Korallenkalk verwendet, der mit Obsidianklingen und hartem Feuerstein bearbeitet wurde. Später avancierte Gozo, das antike Ogygia, zur legendären Liebesinsel der Calypso, die den irrfahrenden Odysseus sieben Jahre hier festhielt.

26 Ein aus einem einzigen Block gemeißelter Türpfosten des Gigantija-Tempels ist 4,35 Meter hoch.

25 Auch *Hagar Qim* ist eine von 30 Tempelruinen, die noch heute auf der nur 316 Quadratkilometer großen Inselgruppe stehen. Die Anlage aus zyklopischem Globigerin-Kalkstein ist äußerst kompliziert aufgebaut.

27 Hagar Qim liegt auf dem Hochplateau oberhalb der steilen Südküste Maltas. Pultförmige Altäre flankieren den Eingang des Heiligtums, in dem man mehrere Figuren einer Muttergottheit gefunden hat.

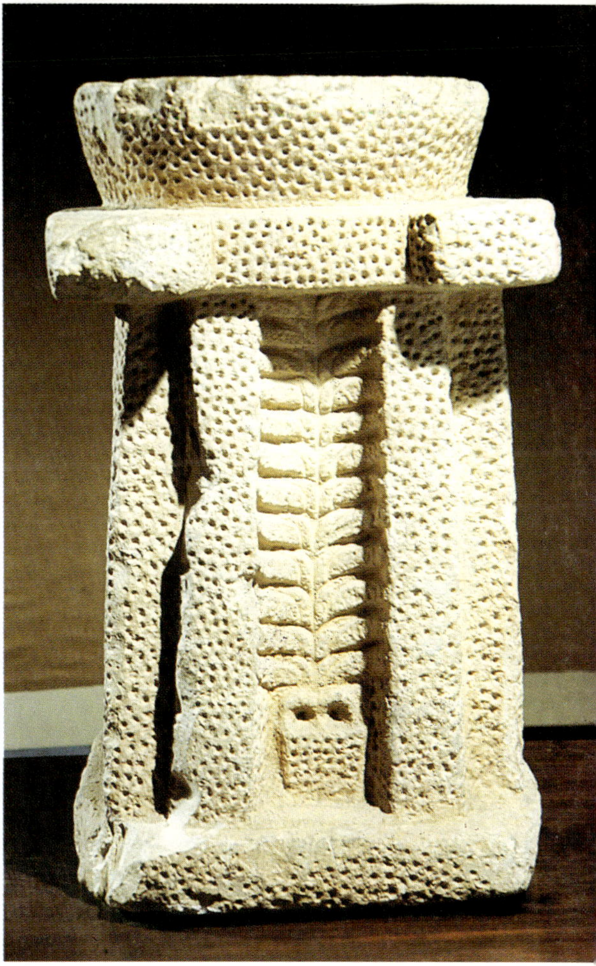

28 Bei dem Kalksteinaltar aus dem Tempel Hagar Qim wurde das weiche Material mit einem Punktmuster verziert. Alle vier Seiten des Sockels zeigen das gleiche Motiv: einen Topf mit einer vielblättrigen Pflanze, offenbar eine Lebensbaum-Darstellung. *(Nationalmuseum für Archäologie, Valletta)*

29 und 30 Im flachen Relief einer steinernen Schwelle aus dem Tempel von Hal Tarxien erscheinen Ziegenböcke, ein Schwein und ein Widder, die ersten Haustiere, die man hier zu Ehren der Götter schlachtete. Nirgendwo auf den heiligen Inseln Maltas gibt es Hinweise auf Menschenopfer.

31 Der Grundriß der Tempelanlage von Mnaidra zeigt, daß sie der Großen Erdmutter geweiht war. Die Luftaufnahme verdeutlicht die Parallelen zur ›Fat Lady‹ mit dem breiten Schoß und den riesigen Brüsten.

32 In Maltas Tempeln wurde die *Große Erdmutter* verehrt. Man fand zahlreiche Statuen, die immer wieder den gleichen Typus darstellen: eine Frau mit winzigen Armen, dicken Brüsten, ausladenden Hüften und Stummelbeinen. Diese Figur, von den Wissenschaftlern scherzhaft ›Fat Lady‹ genannt, verkörpert immerwährende Fruchtbarkeit. *(Nationalmuseum für Archäologie, Valletta)*

Der Fluch des Pharao

Das Know-how der alten Ägypter

Eine der größten Entdeckungen im Tal der Könige war ohne Zweifel die Ausgrabung der Todesstätte von Tutanchamun, dem ägyptischen König der 18. Dynastie, der mit 10 Jahren den Thron bestieg und bereits mit 20 Jahren ermordet wurde. Howard Carter war 1922 auf dieses Grab gestoßen, nachdem er sechs Jahre lang erfolglos in dem Tal gesucht hatte. Sein Geldgeber Lord Carnarvon hatte seine Zustimmung zu einer letzten Grabung gegeben, nach der die Forschungen allerdings eingestellt werden sollten. Doch diesmal hatte Carter Glück, und am 17. Februar 1923 war es schließlich so weit: Die versiegelte Tür zur letzten Grabkammer Tutanchamuns wurde im Beisein von mehreren Wissenschaftlern, Politikern und den Archäologen geöffnet.

33 Das einzige antike Weltwunder, das man noch heute sehen kann, sind die Pyramiden von Gizeh bei Kairo. Die größte der drei Pyramiden ist die Cheopspyramide. Sie hat eine Kantenlänge von 230 Meter und war ursprünglich 146,6 Meter hoch.

34 Das Tal der Könige, Schauplatz eines sensationellen Fundes: Hier wurde 1923 die Grabkammer Tutanchamuns geöffnet.

Was sich vor den Augen der Beteiligten auftat, schien unfaßbar. Eine bisher nie gesehene Menge an Möbeln, Gebrauchsgegenständen aus edlen Hölzern, Alabastergefäßen, vergoldeten Statuen und Schmuck aus Gold mit wertvollen Steineinlagen war in dieser letzten Kammer angehäuft. Sogar Lebensmittel und kostbare Öle hatte man dem Toten auf seine Reise ins Jenseits mitgegeben. 70 Tage wurden damals benötigt, um all die Reichtümer aus dem Grab zu verstauen.
Die Neuigkeit ging schnell um die ganze Welt. Überall berichtete die Presse von der sensationellen Entdeckung. Wenig später waren die Nachrichten jedoch mit einer Schreckensmeldung verbunden. Lord Carnarvon erkrankte schwer und starb sechs Wochen später an einer Lungenentzündung. Die Sage vom Fluch des Pharao, der sich für die Störung seiner ewigen Ruhe rächt, war geboren. Als weitere Teilnehmer der Ausgrabung starben, verstärkte sich das Gerücht, zumal eine wissenschaftliche Erklärung nicht greifbar war.

Erst als am 13. April 1973, also 50 Jahre später, in Krakau die Gruft des polnischen Königs Kasimir geöffnet wurde und sich ähnlich mysteriöse Todesfälle ereigneten, erforschte Prof. Boleslaw Smyk, unter dessen Leitung die Untersuchung vorgenommen wurde, die Sachlage genauer. Dabei entdeckte er an den Überresten des Herrschers Ablagerungen von Schimmelpilzen, vor allem *Aspergillus*, die sich fast 500 Jahre erhalten hatten und die durch die Öffnung wiederbelebt wurden. Sie hatten in dieser Zeit jedoch eine sehr hohe Konzentration entwickelt. Der Kontakt mit den Sporen dieser extrem giftigen Pilze durch Berühren oder Einatmen war für die Beteiligten der Gruftöffnung in Krakau sicher ebenso die Todesursache wie für die Grabforscher im Tal der Könige.

Die Legende vom Fluch des Pharao war somit widerlegt. Es bleibt jedoch die Frage, ob bereits die alten Ägypter von der Wirkung dieser Schimmelpilze wußten. Fest steht, daß ihnen eine Menge an Heilpflanzen, Giften und Drogen bekannt war, auch deren genaue Anwendung und Rezeptur. Ihre medizinischen Kenntnisse waren erstaunlich groß. Auch die Mumienmacher besaßen genauestes anatomisches Wissen. Diese Kunst der Einbalsamierung wurde von einer besonderen Priesterkaste ausgeübt. In Anbetracht dieser Tatsachen bleibt letztendlich unklar, ob das Pilzgift sich zufällig entwickelte oder ob es gezielt eingesetzt wurde, um die Gräber zu schützen.

Ein weiteres Phänomen altägyptischer Kultur stellen die Pyramiden von Gizeh dar. Zwar ist mittlerweile eindeutig geklärt, daß es sich um die Grabmäler von Pharaonen handelt, doch die Anordnung und die Präzision der Bauwerke geben noch heute Rätsel auf. Ihre Seitenflächen sind exakt nach den Himmelsrichtungen orientiert. Die größte von ihnen, die Cheopspyramide, zugleich auch die älteste, hat eine Kantenlänge von 230 Meter. Zwischen den Längen der einzelnen Seiten bestehen nur minimale Differenzen. Ursprünglich war sie 146,6 Meter hoch und mit geglätteten Kalksteinplatten verkleidet. Seitenwände und Decksteine sind so gegeneinander gerichtet, daß sie den enormen Druck abfangen, der durch ihr eigenes Gewicht entsteht. Die Granitblöcke, die für das Innere kunstvoll gestaltet wurden, kamen aus den Steinbrüchen des 800 Kilometer entfernten Assuan. Eine logistische und bautechnische Meisterleistung.

Im Innern der Pyramide befinden sich drei Grabkammern auf verschiedenen Ebenen. Die erste wurde in den felsigen Untergrund gehauen, die zweite liegt ebenerdig im unteren Teil, die dritte auf einer Höhe von 42 Metern. Es mußte immer eine Kammer bereits fertiggestellt sein,

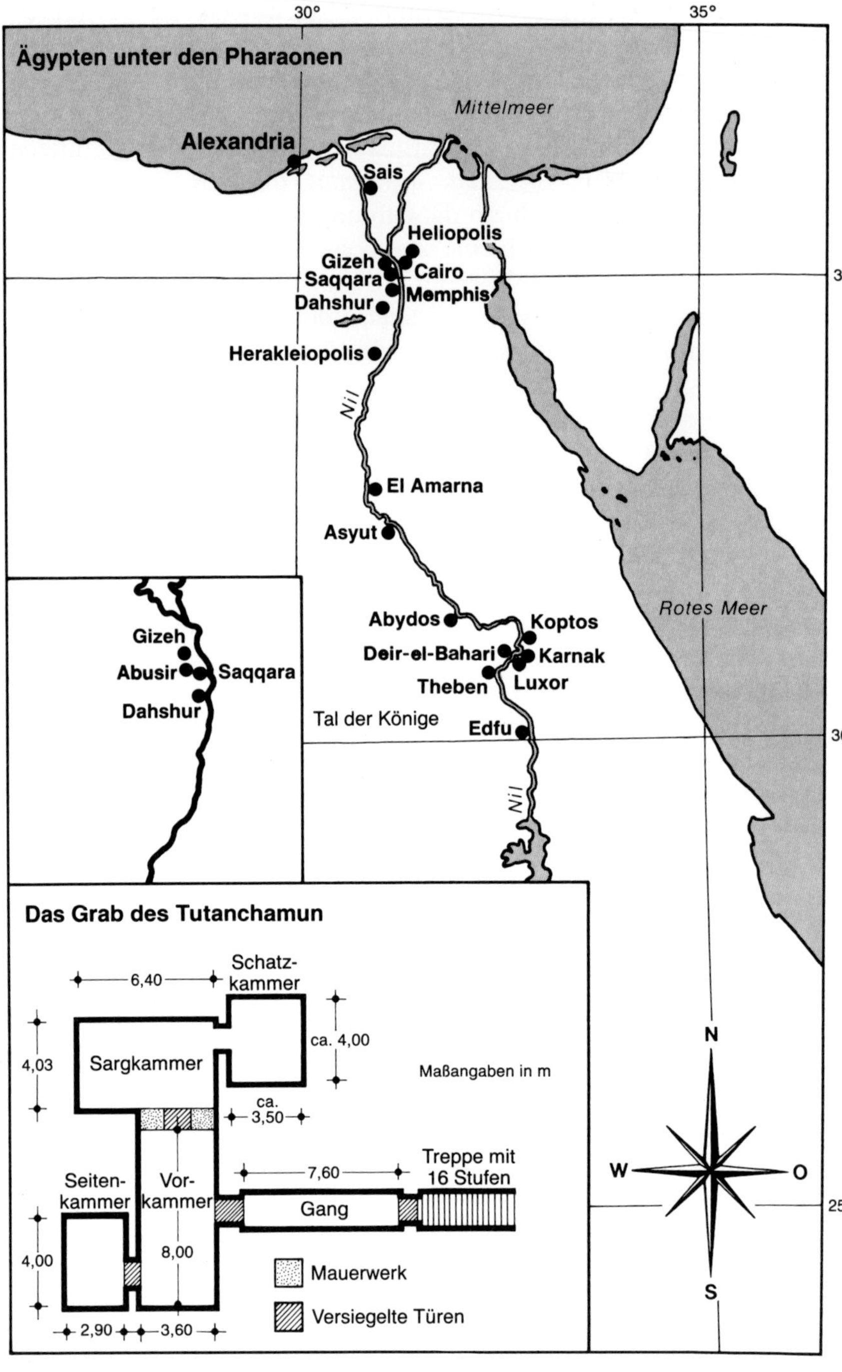

30°
35°
Ägypten unter den Pharaonen
Mittelmeer
Alexandria
Sais
Heliopolis
Gizeh
Cairo
Saqqara
Memphis
Dahshur
35°
Herakleiopolis
Nil
El Amarna
Asyut
Gizeh
Abusir
Saqqara
Dahshur
Abydos
Koptos
Deir-el-Bahari
Karnak
Theben
Luxor
Rotes Meer
Tal der Könige
Edfu
30°
Nil
Das Grab des Tutanchamun
6,40
Schatz-
kammer
4,03
Sargkammer
ca. 4,00
Maßangaben in m
ca.
3,50
7,60
Treppe mit
16 Stufen
Seiten-
kammer
Vor-
kammer
Gang
4,00
8,00
Mauerwerk
Versiegelte Türen
2,90
3,60
N
W
O
S
25°

damit der Pharao, falls er vor Beendigung des Bauwerkes gestorben wäre, hätte bestattet werden können.
Nun haben verschiedene Experimente mit Pyramidenmodellen deutlich gemacht, daß deren exakte Ausrichtung nicht nur mythologische oder astronomische Bedeutung hat. Legt man unter zwei gleiche Pyramiden jeweils ein Stück Fleisch und richtet die eine mit den Seitenflächen genau nach den Himmelsrichtungen aus, die andere dagegen nicht, so kann man feststellen, daß in der nichtausgerichteten Pyramide das Fleisch nach einigen Tagen zu verwesen beginnt. Das Stück unter der ausgerichteten Pyramide dagegen bildet eine Schimmelschicht, ähnlich der eines Camembert, und vertrocknet innerhalb weniger Tage, wird also ›mumifiziert‹. Dabei spielt auch die Position, in der das Fleisch liegt, eine wesentliche Rolle. Man kann deshalb davon ausgehen, daß die Höhe der Grabkammer mit 42 Metern genauestens berechnet war.
Dieser Versuch wurde mehrfach mit den unterschiedlichsten organischen Stoffen durchgeführt, die Ergebnisse waren immer wieder die gleichen. Selbst metallische Stoffe veränderten sich auf unterschiedliche Weise. Voraussetzung für alle Experimente war jedoch, daß die Pyramiden aus elektrisch nicht leitenden Stoffen wie Stein, Glas, Papier, Holz oder Kunststoff bestanden.
Das Washingtoner Institut für Grenzwissenschaften hat sich mit der Erforschung dieses Phänomens intensiv beschäftigt. Die Wissenschaftler haben dabei festgestellt, daß die Objekte in der Pyramide Energie abstrahlen. Aufgrund der besonderen Form der Pyramide im Zusammenhang mit dem Erdmagnetfeld und der Ausrichtung wird diese Energie in den Innenräumen festgehalten. Sie wird also innerhalb des Raumes reflektiert und kann nicht nach außen treten. Diese Energiereflexionen bewirken bei organischen Stoffen die Vernichtung aller Bakterien, sowohl solcher, die Fäulnis verursachen als auch jener, die Schimmelbildung verhindern. Der Einfluß der Reflexionen geht sogar so weit, daß er sich auf das körperliche und psychische Befinden der Menschen auswirkt, die sich längere Zeit in einer Pyramide aufhalten. Schon mancher bekam dort Depressionen oder erlitt Schwächeanfälle.
In Pyramiden entstehen Kräfte, die sich selbst heute mit unseren hochentwickelten technischen Mitteln nicht klar definieren lassen, von deren vielfältiger Wirkung die alten Ägypter aber möglicherweise bereits wußten.

35 Bei der Öffnung der letzten Grabkammer Tutanchamuns wurden ungeahnte Schätze gefunden. Auf einer bettartigen Bahre in einem Quarzitsarg lagen drei goldene oder mit Gold belegte Särge mit einem Gesamtgewicht von über 25 Zentnern. Der dritte Sarg war ganz aus Gold und mit farbigen Einlagen versehen, das Reingoldgewicht betrug 110,4 Kilogramm.

36 Unmittelbar neben dem heiligen Auge lag das Pektoral, eine Brusttafel mit einem geflügelten Skarabäus, der auf einem Korb sitzt. Mit seinen Füßen hält er die Sonnenscheibe. Wie die morgendliche Sonne kommt der Käfer aus der Erde hervor und verbindet damit die Elemente Erde und Luft. Der Skarabäus symbolisiert aber auch die ständige Wiedergeburt. Zugleich sind Käfer, Sonnenscheibe und Korb mit Tutanchamuns Namen gekennzeichnet. Der Königsname selbst wird dadurch zum Symbol der steten Wiedergeburt.

◁ 37 Ein großer Teil der insgesamt 17 Kragen, die um den Hals des Königs gelegt waren, besteht aus Gold mit Einlegearbeiten aus Glasfluß und Halbedelsteinen. Vor allem Darstellungen der Geierkönigin Nechbet und der Schlangenkönigin Uto tauchen bei den verschieden geformten Kragen immer wieder auf. Der hier gezeigte besteht aus 256 beweglichen Einzelteilen, die durch Ösen miteinander verbunden sind.

◁ 38 Weiteren Totenschmuck fanden die Forscher im Innern eines pylonartigen Schreins des Schakalgottes Anubis in der Schatzkammer, so auch diese Brusttafel. Anstelle des Skarabäus steht hier in der Mitte ein Djed-Pfeiler, ein vierstöckiges Garbenbündel, als Zeichen des Gottes Osiris, der die Unvergänglichkeit verkörperte. Die Namensringe mit den die ober- und unterägyptische Krone tragenden Uräus-Schlangen verewigen den Namen Tutanchamuns. Die gesamte Komposition symbolisiert die Urschöpfung des Universums durch den Sonnengott, der den toten König bei sich aufgenommen hat.

39 Die Organe Tutanchamuns wurden gesondert in diesem Goldsarkophag aufbewahrt und in einem Alabasterschrein beigesetzt.

40 Die Rückenlehne des Thronsessels zeigt eine Szene aus dem Familienleben des Herrschers: Tutanchamun und seine Frau Anchesenamun, mit prächtigen Kronen geschmückt, in zärtlicher Vertrautheit. Die Königin salbt ihren Mann. Auf dem Tisch daneben sieht man einen Halskragen aus Fayenceperlen, wie man ihn im Grab wirklich gefunden hat; vgl. Abb. 37.

42 Rücksichtslos vereinnahmte Pharao Haremhab die für das Leben nach dem Tod so wichtigen Statuen seines Vorgängers. Hier im Tempel von Luxor löschte er dessen Kartuschen und ersetzte sie durch seine eigenen. Dargestellt ist Tutanchamun beim *Opet*-Fest mit der Kartusche Haremhabs.

41 Das Wandbild stellt Pharao Haremhab dar, den Nachfolger Tutanchamuns. Auch sein Grab liegt im Tal der Könige. Er war ein machtgieriger Emporkömmling, der möglicherweise sogar mit dem gewaltsamen Tod Tutanchamuns zu tun hatte.

Schätze unterm Wüstensand

Rätsel des Orients

Nahezu unvorstellbar erscheint es uns heute, daß weite Teile der Sahara über Jahrtausende hinweg von Menschen bewohnt waren. Das Land bot ausreichend Nahrung und schuf somit die Lebensgrundlage vieler Völker. Heute ist dieses Gebiet die größte Wüste der Erde. Sie erstreckt sich von Ost nach West über 6000 Kilometer, von Nord nach Süd über 2000 Kilometer. Das gesamte Europa bis zum Ural würde dort Platz haben. Doch in Europa leben Millionen von Menschen, während es in der Sahara kaum noch größere Ansiedlungen gibt.

Vor 40 000 Jahren, als Nordeuropa noch unter einer dicken Eisdecke lag, lebten hier bereits hochent-

43 Wie die Finger einer Riesenhand ragen die Pfeiler des Mondtempels bei Marib im Jemen aus dem Wüstensand. Die Einheimischen nennen ihn Haram Bilqis, ›Palast der Königin von Saba‹. Die einzige Grabungskampagne an diesem Tempel, 1952 von dem Amerikaner Wendell Phillips unter abenteuerlichen Bedingungen durchgeführt, mußte vorzeitig abgebrochen werden, so daß bis heute noch viele Fragen offen sind.

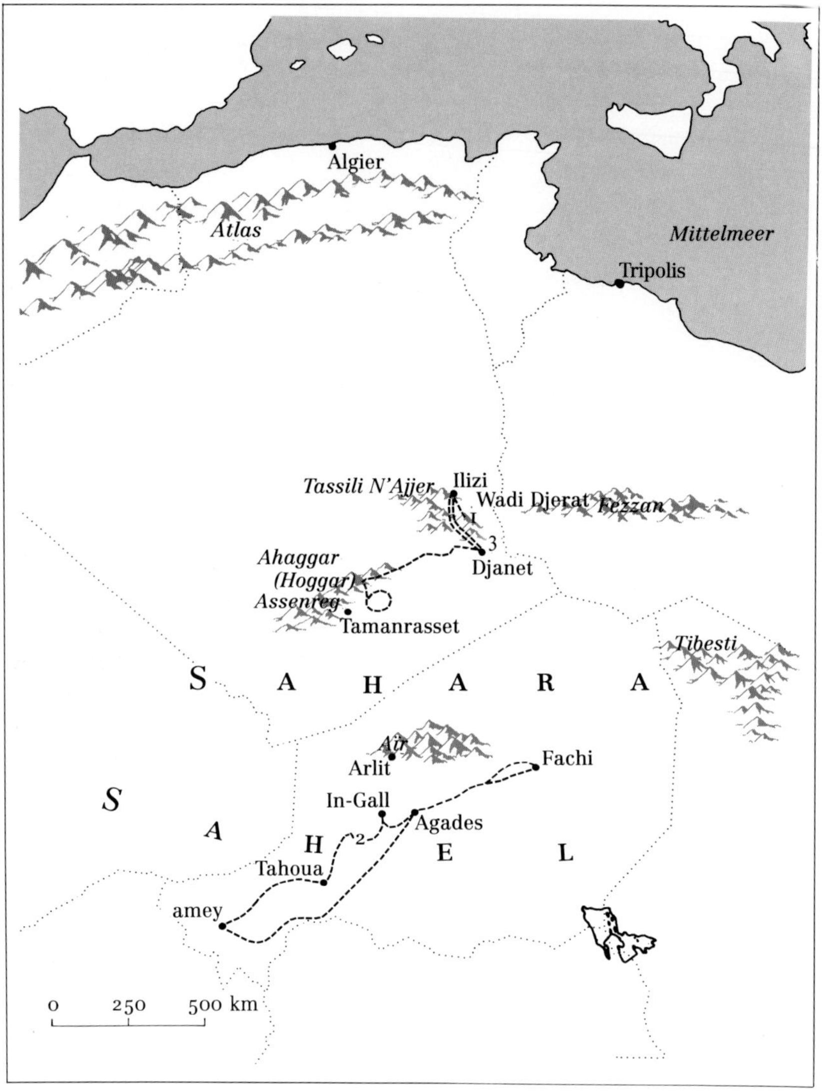

Die östliche Sahara mit Expeditionsrouten. (*1 Wadi Djerat; 2 Bororo-Gebiet; 3 Gebiet der Felsmalereien im Tassili-Gebirge.)*

wickelte Volksstämme. Sie hinterließen Zeugnisse ihrer Kultur, die Forscher erst in unserem Jahrhundert entdeckten. Es handelt sich um Felsgravuren und -zeichnungen von überlebensgroßen Tieren, jagenden Menschen oder magischen Zeichen. Das Gebirgsmassiv Tassili

N'Ajjer ist besonders reich an solchen Petroglyphen. Dieses Hochplateau, das im heutigen Algerien liegt, wurde mittlerweile zum Nationalpark erklärt; ein Versuch, auch seine Kulturdenkmäler zu schützen. Durch das Massiv aus weichem Sandstein schlängeln sich bis zu 300 Meter tiefe Schluchten, ausgetrocknete Flußbetten, sogenannte *Wadis*. Eines der eindrucksvollsten und interessantesten ist das Wadi Djerat, das 100 Kilometer lang ist. Überall befinden sich hier Gravuren und Malereien an den Felswänden, die jedoch erst bei genauem Hinsehen zu erkennen sind. Es handelt sich hauptsächlich um Darstellungen von Wildtieren: Giraffen, Strauße, Antilopen, Gazellen und Rinder. Aber auch Flußpferde, Krokodile oder Fische findet man immer wieder auf den Bildern. Ein Zeichen mehr dafür, daß eine völlig andere Landschaft als heute vorherrschte.
Durch Funde von Holzkohle und mit Hilfe der Radiocarbon-Methode war es erst in den fünfziger Jahren möglich, eine zeitliche Einordnung dieser Zeugnisse früher Kulturen vorzunehmen. In drei Epochen überwiegen jeweils unterschiedliche Arten der Abbildung: Die Felsgravuren, die außerordentlich exakt ausgeführt wurden, sind bereits um 10000 v. Chr. entstanden. Dargestellt wurden hauptsächlich große Wildtiere. Später ging man dazu über, Zeichnungen zu machen, ohne vorherige Skizze und nur mit den Fingern. Die Farben, die aus natürlichen Stoffen – Mineralien und Pflanzen – gewonnen wurden, sind bis heute kaum verblaßt. Seit 8000 v. Chr. überwiegen Menschendarstellungen, bei denen der überdimensionale Rundkopf mit einem Federschmuck sofort auffällt. Auf den ersten Blick wirken sie wie Lebewesen von einem anderen Stern. Erst in den Zeichnungen ab 1500 v. Chr. finden wir hauptsächlich Hirten mit Rindern, aber auch Pferde und Kamele, Tiere also, die den Menschen nützlich waren. Besonders bemerkenswert bei all diesen Darstellungen ist, daß es kaum Kampfszenen gibt. Die Zeit schien über Jahrtausende hinweg vollkommen friedlich gewesen zu sein. Auch das erscheint uns heute nahezu unvorstellbar.
Wechseln wir den Standort und wenden uns weiter Richtung Osten nach Äthiopien. Auch dieses Land, das wir in unseren Vorstellungen mit Hungersnöten verbinden, war einst ein fruchtbares Gebiet. In der alten Königsstadt Aksum im Norden des Reiches waren prachtvolle Gärten angelegt. Landwirtschaft wurde betrieben, von deren Erträgen sich die Bevölkerung gut ernähren konnte. Aksum war früher das Zentrum Äthiopiens und die Krönungsstätte seiner Herrscher. Doch

von den riesigen Palästen zeugen nur noch ein paar Ruinen. Auf das einst fruchtbare Land weisen nur noch eine Zisterne, Mai Schum, und der Rest einer Bewässerungsanlage hin.
Zweifelsohne wurde die vorchristliche Kultur Aksums durch Südarabien bestimmt. Besonders deutlich wird dies bei den einzigartigen *Stelen* von Aksum. Diese vermutlich als Grabmonumente gedachten riesigen Obelisken, als ganzes aus dem Stein gehauen, ragen bis zu 30 Meter hoch in den Himmel. Wie diese Steine transportiert und aufgestellt wurden, ist völlig unklar. Unbestritten sind jedoch die architektonischen Einflüsse aus dem Jemen.
Das Land jenseits des Roten Meeres war schon sehr früh besiedelt. Die besondere geographische Lage dieses Gebiets spielt dabei eine entscheidende Rolle. An den Hochgebirgen regnen sich zweimal jährlich die von Süden her ziehenden Monsunwinde ab und schufen somit die Grundlage einer Besiedelung. Außerdem herrscht im Jemen ein gemäßigtes Klima vor. Von Kaffee bis zu Weihrauch liefernden *Boswellia Carterii*-Bäumen gedeiht hier nahezu alles, so daß nicht nur die eigene Versorgung gesichert war, sondern mit den ›Luxusgütern‹ auch Handel getrieben werden konnte.
Neben Sana'a war Marib eine der mächtigsten Städte. Seit 1962 steht es jedoch völlig leer. Die Bombenangriffe des Bürgerkriegs vertrieben die Bevölkerung. Aber auch vom antiken Marib ist in der Geisterstadt nichts mehr zu sehen, denn es wurde immer wieder auf dem alten Kulturschutt, dem sogenannten *Tell*, aufgebaut. Um auf antike Überreste zu stoßen, müßte man 15 Meter tief graben, was bislang noch niemand unternommen hat. Das genaue Alter Maribs ist unklar. Man vermutet, daß die Blütezeit im 1. Jahrtausend v. Chr. lag, als sich auch das Sabäische Reich auf seinem Höhepunkt befand. Das gesamte Küstengebirge Südwestarabiens wurde von hier aus beherrscht.
Aus den vielen in Stein geschlagenen Inschriften weiß man, daß der Staat der Sabäer straff organisiert war. Das fromme Volk verehrte Gestirnsgottheiten.
Der Tempel Haram Bilqis bei Marib war ihnen geweiht. Die Einheimischen bezeichnen ihn als das Heiligtum der sagenumwobenen Königin von Saba. Heute sind davon nur noch acht Pfeiler übriggeblieben. Um sie herum liegen vereinzelte Kalksteinquader, übersät mit sabäischen Schriftzeichen. Sie bildeten einst die Umfassungsmauer einer ovalen Tempelanlage mit einem Durchmesser von 120 Metern. Anhand der Inschriften war sogar eine genaue Datierung auf das 5. bis 4. Jh.

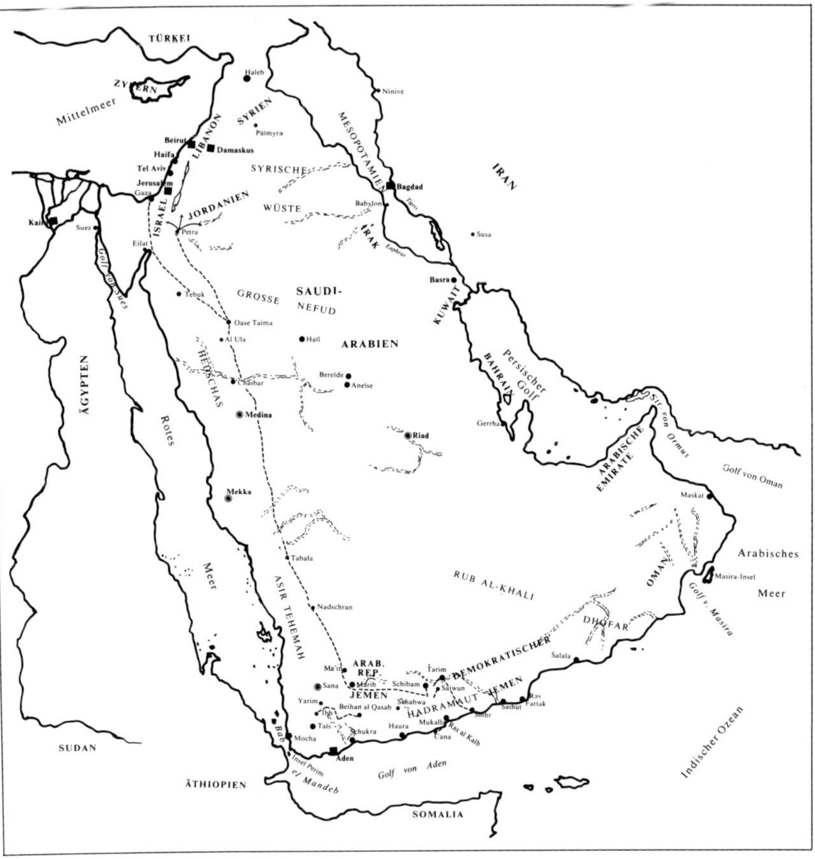

Die Weihrauchstraße.

v. Chr. möglich. Den Tempelanlagen von Aksum diente dieser Bau vermutlich lange Zeit später als Vorbild.

Marib war einst eine riesige Oase. Auf dem fruchtbaren Boden wurden Felder bestellt. Wein, Kümmel, Flachs und Sesam wurden angebaut. Dieses blühende Leben war aber nur durch ein perfekt ausgeklügeltes Bewässerungssystem möglich: den Damm von Marib.

Zweimal jährlich regnet es hier kräftig. Das Wasser bildet dann reißende Flüsse, die schließlich im Sandboden versickern. Das Wadi Dhana teilt die letzte Gebirgskette vor der Wüste in zwei Hälften. Hier, wo durch natürliche Felsbarrieren der Wasserabfluß nach fast allen Seiten verhindert war, bauten die Sabäer in die Öffnung zur Wüste hin einen riesigen Damm. In verschiedenen Becken wurde das Wasser

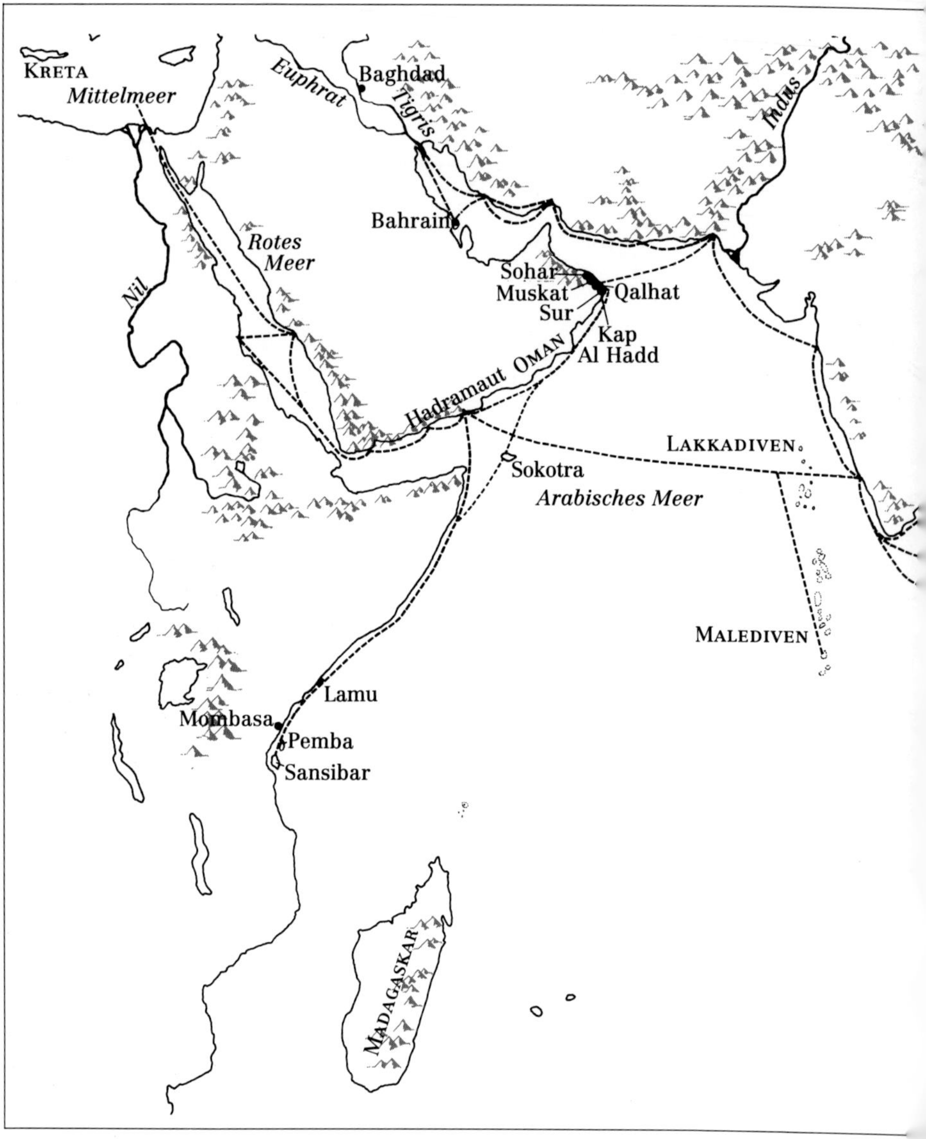

zunächst beruhigt und aufgestaut. Über ein kompliziertes Kanalsystem bewässerte man dann die Nord- und Südoase.

Aufgrund der Sedimentablagerungen kann das Alter der Anlage heute bestimmt werden. Insgesamt 1400 Jahre war sie in Betrieb, bis es 575 n. Chr. zu einem Dammbruch kam, bei dem alles vernichtet wurde. Eineinhalb Jahrtausende hatte das Bewässerungssystem jedoch funk-

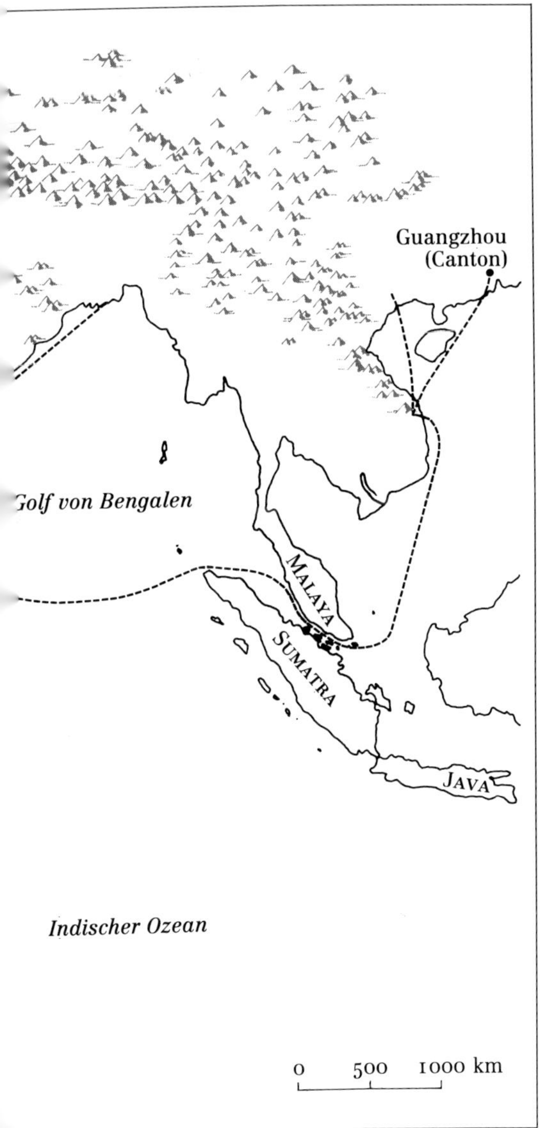

Die wichtigsten alten Schiffahrtsrouten arabischer Seefahrer.

tioniert. Eine perfekte Organisation, hohes technisches Wissen, aber auch ein durchdachtes System von Wassernutzungsrechten waren die Basis für ein fruchtbares Land und damit für eine reiche Bevölkerung.

Durch den Handel mit anderen Völkern nahm dieser Wohlstand noch zu. Bis in den Norden Arabiens zieht sich die *Weihrauchstraße* zu Hafenstädten am Roten Meer und am Mittelmeer, von denen der kostbare Duftstoff in die Zentren der damals bekannten antiken Welt gelangte. Die Priesterschaft kontrollierte die Geschäfte. Die Produktionsorte des Weihrauchs wurden streng geheimgehalten, schließlich waren sie Garanten für den hohen Lebensstandard.

In späterer Zeit erreichte der Handel noch weit entferntere Ziele entlang des Indischen Ozeans. Die *Dhau*-Kapitäne Arabiens wußten vor allem die Monsunwinde zu nutzen, die einmal im Jahr ihre Richtung ändern. Für die Orientierung waren in erster Linie die Sterne maßgeblich. Mit einfachen Mitteln konnten die Seeleute aufgrund der Stellung des Polarsterns die Breitenposition ihrer Schiffe bestimmen. Die möglichen Zwischenstationen auf den Routen nach China und Indien waren bestens bekannt. Neben Handelswaren wie Gewürzen, Edelmetallen oder Weihrauch wurden auf diese Weise auch viele kulturelle Einflüsse zwischen dem Mittelmeer, Arabien und Asien weitergegeben.

44 Im Gebirgsmassiv des Tassili N'Ajjer wurden zahlreiche Felszeichnungen entdeckt. Diese Darstellung, der ›Große Gott von Sefar‹, stammt aus der Rundkopfepoche, die vor ca. 10 000 Jahren begann.

45 Manche Figuren der Rundkopfepoche sehen aus wie Astronauten. Für Erich von Däniken handelt es sich bei dieser Darstellung eindeutig um einen außerirdischen Raumfahrer.

46 Durch den Tassili N'Ajjer ziehen sich solche bis zu 300 Meter tiefen *Wadis*, ausgetrocknete Flußbetten. Überall stößt man hier auf Felsgravuren und -malereien.

47 Die *Fulbe-Bororo* sind eines der letzten echten Nomadenvölker. Jahr für Jahr ziehen sie mit ihren Rinderherden durch die Republik Niger bis zu 500 Kilometer ostwärts, um ihre Tiere aus den salzhaltigen Quellen trinken zu lassen. Mit dem Ende der Regenzeit im Oktober beginnt für sie eine Zeit des Überflusses und der Feste. Das *Gerawol*-Fest bildet den Höhepunkt.

48 Bis über 3000 Meter ist der gebirgige Jemen mit Terrassenfeldern überzogen und besiedelt. Auf den Gipfeln, wo kein Ackerbau mehr möglich ist, wurden die dicht aneinandergerückten Hochhäuser aus Stein oder Lehm errichtet.

49 Die jemenitische Hauptstadt Sana'a gehört zu den ältesten und schönsten Orten der Welt. Die Altstadt besteht aus Hunderten von Steinbauten, die bis zu sieben Stockwerke hoch sind.

50 Schaufassade eines typischen Bürgerhauses in Sana'a. Die strahlend weißen, reichverzierten Fenster- und Türrahmungen spiegeln den Wohlstand und das Prestige einer Familie wider.

51 Marib besteht heute nur noch aus verlassenen Lehmhäusern. Die Stadt wurde immer wieder neu auf dem sogenannten *Tell,* dem Kulturschutt einer dreitausendjährigen Siedlungsgeschichte, aufgebaut.

52 Sabäische Fruchtbarkeitsgöttin aus Alabaster. Das stilisierte Dreieck in der linken Hand symbolisiert ein Ährenbündel. Untersuchungen haben ergeben, daß diese Figur nicht die Königin von Saba darstellt, da der Fund wesentlich später als 900 v. Chr. zu datieren ist, der mutmaßlichen Lebenszeit der Königin. *(Museum Sana'a)*

53 Nordbau des Dammes von Marib. Von Felsinschriften her weiß man, daß dieser Teil im 6. Jh. v. Chr. errichtet wurde. Der noch heute sichtbare Rest ist jedoch nur die letzte Stufe des Dammbaus. An anderen Stellen wurden mittlerweile genauso perfekt gebaute Anlagen gefunden, die zeigen, daß seine Geschichte bereits 1000 Jahre früher begann.

54 Fotomontage mit einer Rekonstruktion des Dammes. Durch die Schleusenbauwerke aus Stein, die heute noch existieren, wurden die in der Regenzeit anfallenden Wassermassen systematisch über Kanäle auf die Felder der Oase geleitet. In der Blütezeit Maribs wurden hier 9600 Hektar Boden künstlich bewässert und landwirtschaftlich genutzt.

55 Ähnlich wie der Stadtstaat Marib entwickelte sich auch die Oase Ma'in zu einem blühenden Handelszentrum entlang der Weihrauchstraße. Heute zeugen nur noch die beiden aufragenden Torgebäude von der einstigen Pracht.

56 Die Stelen von Aksum im Nordosten Äthiopiens gehören zu den größten aus einem Stück gehauenen Obelisken der Welt. Die längste zerbrach jedoch bereits beim Aufstellen vor etwa 2000 Jahren. Sie hatte eine Höhe von 33,3 Meter. Wie diese Monumente, die mit ihren eingravierten Türen und Fenstern an jemenitische Hochhausbauten erinnern, transportiert und aufgerichtet wurden, bleibt rätselhaft.

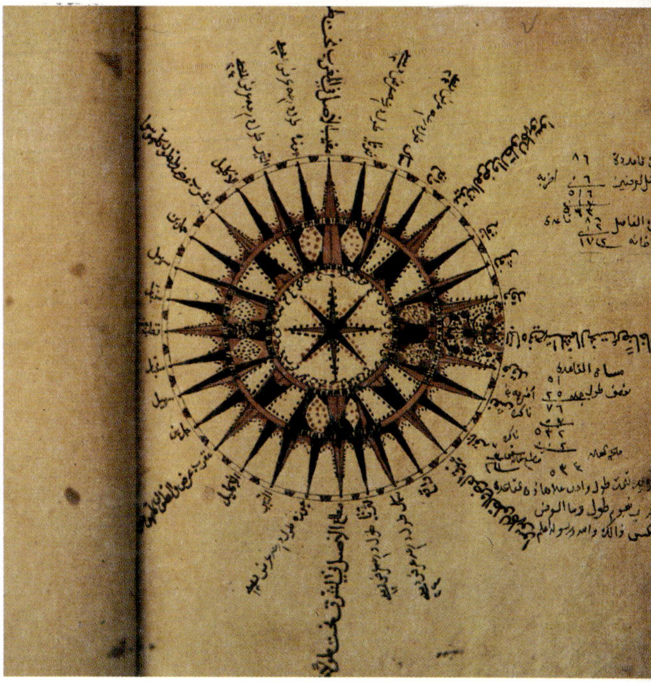

58 Zur besseren Orientierung benutzten die arabischen Seeleute schon vor Jahrhunderten Navigationsbücher mit zahlreichen Karten und nautischen Tabellen. Diese Zeichnung zeigt eine Sternen-Kompaßrose. *(Bibliothek Muskat, Oman)*

57 Die ›Arous al Bahar‹ ist eine Dhau vom *Ghanjah*-Typ. Der Omani Dr. Omar Zawani ließ sie zur Wiederbelebung der früheren Schiffskunst in der alten Hafenstadt Sur neu bauen.

Inselzauber

Geheimnisse der Südsee

Wer Südsee hört, träumt von weißen Palmenstränden, winzigen Atollen und blumengeschmückten Mädchen beim Hula-Tanz. Allzu leicht verwechseln wir die Kultur des pazifischen Raumes mit Folklore. Die jahrhundertelangen Traditionen und frühen Zeugnisse dieser hochentwickelten Zivilisation werden häufig vergessen oder gar nicht erst zur Kenntnis genommen. Dabei waren die Insulaner ausgezeichnete Bootsbauer und Seefahrer. Sie erschlossen und kolonisierten riesige Gebiete im Stillen Ozean, bildeten auf den Archipelen staatsähnliche Verbände mit Regierungssitz und Kultplätzen. Sie legten künstliche Inseln an, errichteten mächtige Bauwerke aus Vulkangestein, sogar Stufenpyramiden (Tahiti) und schufen eindrucksvolle Skulpturen (Marquesas-Inseln).

59 Die Maraes *von Maeva waren einst das religiöse Zentrum der Insel Huahine. Die Kultanlage zieht sich an der Fauna nui-Lagune entlang und besteht aus 28 künstlichen Plattformen, die in unregelmäßigen Abständen nebeneinander ins Wasser ragen. Jeder dieser Maraes hat seinen eigenen Namen, jeder gehörte einem Häuptling.*

Ein Großteil der Inseln ist durch Vulkanausbrüche unter der Meeresoberfläche entstanden. Immerhin werden 80 Prozent der gesamten seismischen Energie im Stillen Ozean freigesetzt; von den rund 600 aktiven Vulkanen auf unserer Erde liegt der größte Teil im Pazifik. Hinzu kommt, daß es auf dem Meeresboden noch weitaus mehr Vulkane gibt. Man schätzt ihre Zahl auf etwa 6000 bis 8000. Die Eruptionen einiger dieser Vulkane sind so stark, daß sie neue Inseln im Meer entstehen lassen.

Eine davon ist die Insel Fonuafo'ou westlich des Tonga-Archipels. Sie wurde 1865 erstmals von der Besatzung einer britischen Fregatte gesichtet. Wenige Tage später jedoch war die Insel wieder verschwunden. 1928 schließlich tauchte der von Kratern zerfurchte Fleck wieder auf. Innerhalb kurzer Zeit stieg die Insel durch die vulkanische Tätigkeit auf eine Höhe von 180 Meter an. Doch die Wellenerosion, der Wind und der tropische Regen ließen das Eiland wieder fast von der Meeresoberfläche verschwinden, bis es im Dezember 1954 erneut durch einen Vulkanausbruch anwuchs.

Mikronesien ist ein Teil dieser Inselwelt im Pazifik. Es liegt östlich der Philippinen und nördlich von Neuguinea und erstreckt sich über eine Gesamtfläche von acht Millionen Quadratkilometer. Damit ist es so groß wie die USA. Die tatsächliche Landfläche ist natürlich wesentlich kleiner, sie nimmt lediglich 2700 Quadratkilometer ein. Manche der 2200 Inseln sind kaum größer als ein Fußballfeld.

Yap ist eine der westlichsten Inselgruppen Mikronesiens. Hier leben heute 9300 Menschen. Vor 400 Jahren, als die ersten europäischen Seefahrer landeten, hatte das Palmenparadies vermutlich bis zu 50 000 Bewohner. Der extreme Rückgang erklärt sich vor allem durch Seuchen und Krankheiten, die die weißen Eroberer einschleppten, freilich nicht nur hier. Von den anderen Inseln unterscheidet sich Yap jedoch ganz wesentlich. Geologen untersuchten die Beschaffenheit des Bodens und fanden heraus, daß Yap ursprünglich zum asiatischen Festlandsockel gehörte und der Rest einer uralten Landbrücke ist, die längst zertrümmert wurde und im Meer versank. Ein weiterer Beweis für diese These ist der im Norden und Osten plötzlich steil abfallende Meeresboden (bis zu 10 863 Meter). Solche Tiefenrinnen sind oft am Rand großer Kontinentalsockel zu finden.

Naturgemäß spielt das Meer eine wichtige Rolle im Leben der Inselbewohner. Bei Festen steht es immer wieder im Mittelpunkt. So bringen die Bewohner der weiter östlich gelegenen Truk-Inseln regelmäßig einem unbekannten Herrscher ein Opfer aus verschiedenen Früchten und Seeschildkröten. Eine andere Sage berichtet von der Herkunft der Yapesen. Sie erzählt, daß ihre Vorfahren aus dem Meer kamen und lange Zeit wie Fische im Wasser lebten. Der *Große Wind* habe eines Tages die Fischmenschen aus dem Meer an Land geschleudert und seither lebten sie dort.

Nach den alten Überlieferungen haben Götter die Steinmünzen, das Wahrzeichen von Yap, entworfen. Demnach schenkte der Sonnengott Mavapu den Yapesen eine gewaltige Steinscheibe als Vorbild für die Münzen, die sie herstellen sollten. Auf solche Steinmünzen, die in der Landessprache *Fai* heißen, stießen Archäologen häufig in Gräbern. Sie dienten daher vielleicht auch als Schmuck. Mit Hilfe einer speziellen Datierungsmethode konnte man ihr Alter auf 1600 bis 2000 Jahre bestimmen. Seltsamerweise sind sie ganz unterschiedlich groß. Die größte, die man bislang entdeckte, hat einen Durchmesser von 3,70 Meter und ist fast einen halben Meter stark.

Man findet die Münzen überall auf Yap. Häufig stehen sie vor den Häusern ihrer Besitzer oder begrenzen private Grundstücke. Selbst wenn sie als Zahlungsmittel dienen, wechselt das Geld doch fast nie seinen Platz. Solange der Eigentümer weiß, wo sich sein ›Kapital‹ befindet, behält es seine Kaufkraft. Der Wert der Münzen hängt dabei nicht von der Größe oder dem Gewicht ab, sondern vom Alter und ihrer Geschichte. Wer den Fai hergestellt hat, ist ebenso wichtig wie der Zeitaufwand für seine Anfertigung. Die Münzen bestehen aus feinkörnigem Aragonit, einem Material, das ähnlich hart wie Marmor ist. Auf Yap selbst gibt es Aragonit aber nicht. Er mußte von der 460 Kilometer südwestlich gelegenen Inselgruppe Palau eingeführt werden. So hat jedes Geldstück seine eigene, mehr oder weniger abenteuerliche Geschichte, die mit dem gefahrvollen Transport über die offene See zusammenhängt.

Weite Schiffsreisen schienen nichts Außergewöhnliches gewesen zu sein. Von Indonesien und den Philippinen aus wurde einst systematisch Neuland erschlossen. Die aller Wahrscheinlichkeit nach friedliche Landnahme endete um 900 n. Chr. Als Orientierungshilfen für die Schiffahrt diente die Meeresströmung, die Richtung des Windes und die Beschaffenheit der Wellen. Tagsüber bot den Seeleuten der Flug der Zugvögel zusätzliche Hilfe. Wichtigstes Mittel zur Orientierung war jedoch der Lauf der Gestirne. Die Seefahrer brachen deshalb meist am Abend auf, wenn die ersten Sterne am Himmel gut zu erkennen waren.

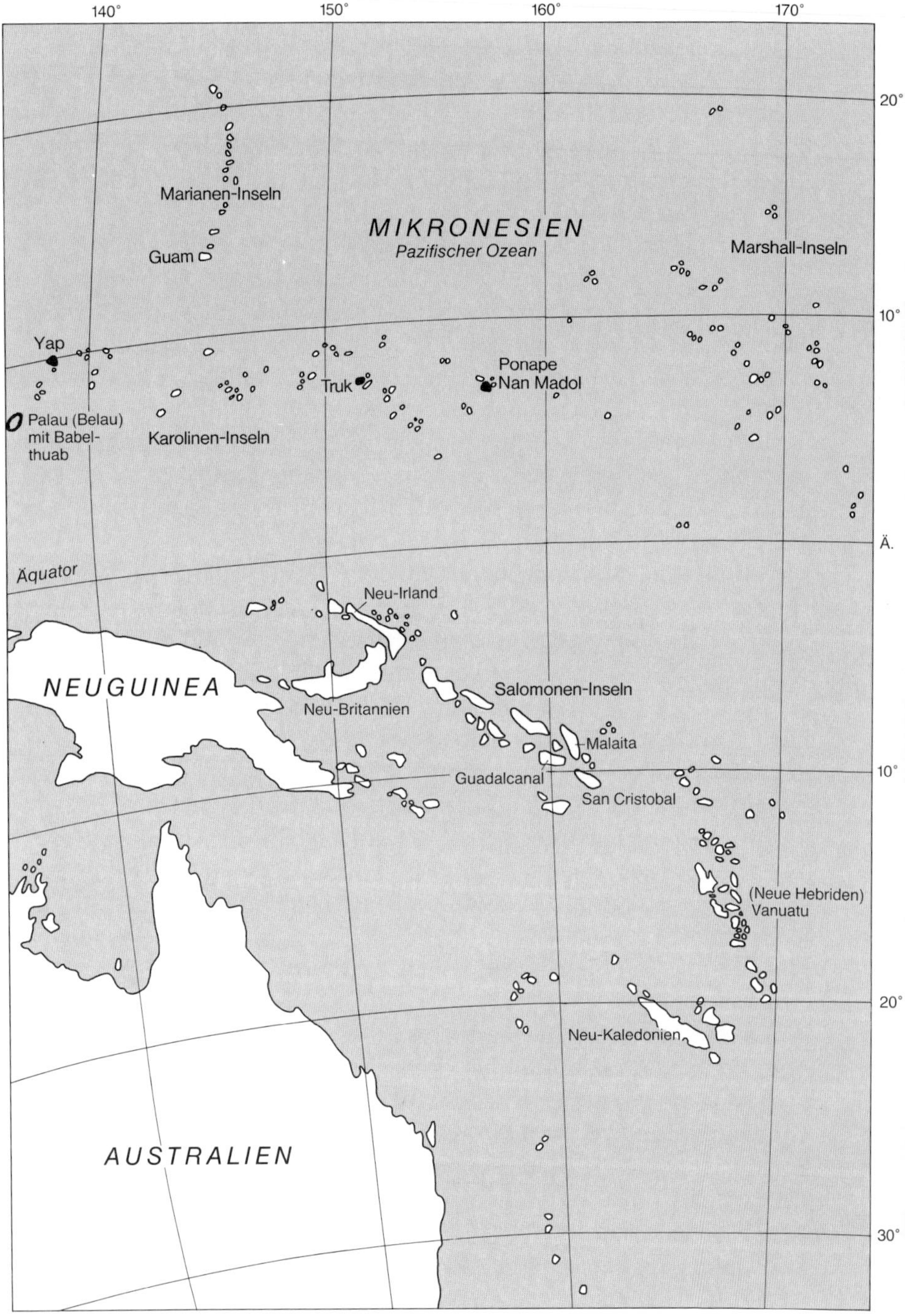
140°
150°
160°
170°
20°
10°
Ä.
10°
20°
30°
MIKRONESIEN
Pazifischer Ozean
Marianen-Inseln
Guam
Marshall-Inseln
Yap
Palau (Belau) mit Babel-thuab
Karolinen-Inseln
Truk
Ponape
Nan Madol
Äquator
Neu-Irland
NEUGUINEA
Neu-Britannien
Salomonen-Inseln
Malaita
Guadalcanal
San Cristobal
(Neue Hebriden) Vanuatu
Neu-Kaledonien
AUSTRALIEN

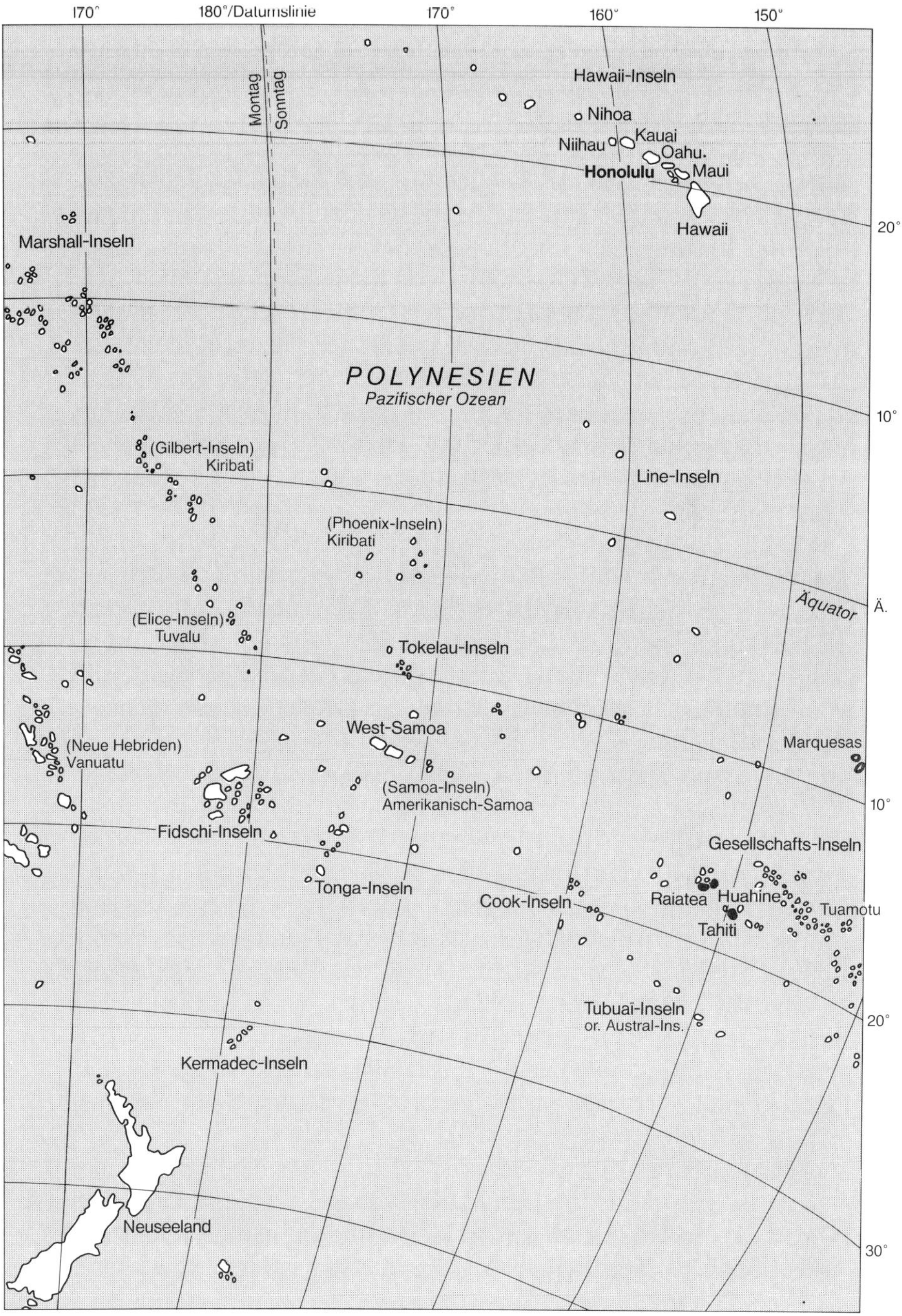
170°
180°/Datumslinie
170°
160°
150°
Montag
Sonntag
Hawaii-Inseln
Nihoa
Niihau
Kauai
Oahu.
Honolulu
Maui
Hawaii
20°
Marshall-Inseln
POLYNESIEN
Pazifischer Ozean
10°
(Gilbert-Inseln)
Kiribati
Line-Inseln
(Phoenix-Inseln)
Kiribati
Äquator
Ä.
(Elice-Inseln)
Tuvalu
Tokelau-Inseln
West-Samoa
Marquesas
(Neue Hebriden)
Vanuatu
(Samoa-Inseln)
Amerikanisch-Samoa
10°
Fidschi-Inseln
Gesellschafts-Inseln
Raiatea
Huahine
Tuamotu
Tahiti
Tonga-Inseln
Cook-Inseln
Tubuaï-Inseln
or. Austral-Ins.
20°
Kermadec-Inseln
Neuseeland
30°

Die Marshall-Insulaner benutzten als einziges Volk zusätzlich noch Stabkarten. Die fast rechteckigen Flechtgitter aus trockenen Pandanus- und Palmwedelrippen, auf denen kleine Schneckenhäuser befestigt waren, zeigten Dünungen, Strömungen und Inseln an.
Neben Yap zählt Ponape zu den historisch interessantesten Inseln Mikronesiens. Hier befindet sich die über 800 Jahre alte Geisterstadt Nan Madol, die auf 92 künstlichen Inseln erbaut wurde. Nan Madol gehört noch heute einem echten Südseekönig, Seiner Majestät Salter Salvador Hadley, dem 23. Herrscher von Madolenihmw.
Das Zentrum von Nan Madol ist nur bei Flut zu erreichen. Zuerst stößt man auf die Festung Nan Dowas, den ›Platz der stolzen Mauern‹. Die Mauer, neun Meter hoch und fast drei Meter dick, aufgeschichtet aus grauen Basaltpfeilern, besitzt nur eine einzige Öffnung zur Seeseite hin, die zu einem weiteren Schutzwall führt. Im Inneren der Anlage befand sich der Sage nach das schatzreiche Grabgewölbe der ersten Herrscher von Ponape, der *Saudeleurs*.
Ganz ohne Zweifel diente Nan Dowas militärischen Zwecken; auch auf den Nachbarinseln Dowas Pown und Dowas Poh waren Wachstationen errichtet. Pahn Kadira dagegen war Herrschersitz und Verwaltungszentrum. Die Reste eines Tempels sind noch erkennbar, außerdem breite Becken für Trinkwasser, das vom Festland herangeschafft werden mußte. Gleich nebenan befindet sich Kelepwel, das Wohngebiet der königlichen Diener.
Von der gesamten Anlage, die sich einst über sechzehn Quadratkilometer erstreckte, sind nur noch spärliche Reste zu sehen. Der Dschungel hat die tote Stadt überzogen, ein weiterer Teil liegt unter dem Meeresspiegel. Das Land ging unter, als bereits Menschen darauf siedelten.
Künstliche Inseln findet man überall in der Südsee. In den Lagunen von Malaita, das zu den südlicher gelegenen Salomonen-Inseln gehört, gibt es insgesamt sechzig solcher von Menschenhand geschaffener Eilande. Die Küstenbewohner Malaitas wurden häufig von feindlichen Buschleuten aus dem Innern der Insel angegriffen. Um dem zu entgehen, gründeten sie eine zweite Heimat draußen auf der Lagune. Da ihre Feinde nicht viel von der Seefahrt verstanden, konnten sie hier in Sicherheit leben.
Vielleicht waren es ähnlich bedrohliche Eingriffe in die Existenz eines Volkes, die zur Gründung Nan Madols führten. Über das rätselhafte ›Venedig im Stillen Ozean‹ darf spekuliert und geforscht werden. Sein unvergleichlicher Inselzauber wird dadurch keineswegs aufgehoben.

60 Riesige Steinmünzen säumen die Hauptstraße im Dorf Nif auf Yap. Die Einheimischen bezeichnen sie scherzhaft als ›Gemeindesparkasse‹.

61 Junge Mädchen in Festkleidung haben sich vor den Steinmünzen zum Sitztanz niedergelassen, mit dem sie die Sage von der verzauberten Fischfrau aufleben lassen. Viele Yapesen glauben noch heute, daß ihre Vorfahren einst im Meer lebten, bis sie vom *Großen Wind* auf die Insel geworfen wurden.

62 Über 16 Quadratkilometer erstreckt sich die Geisterstadt Nan Madol auf den künstlichen Inseln vor Ponape. Am Eingang liegt Nan Dowas, der ›Platz der stolzen Mauern‹. Die gewaltigen Wälle aus Basaltpfeilern zeugen davon, daß die Anlage militärischen Zwecken diente.

63 Erst der Größenvergleich läßt deutlich werden, wie beeindruckend die neun Meter hohen Basaltmauern der Festung Nan Dowas sind.

64 Vorbereitung zur Fahrt ins Niemandsland: Die Truk-Insulaner stapeln in ihrem Kanu die Geschenke für einen unbekannten König.

65 Künstliche Inseln sind in der Südsee nichts Außergewöhnliches. Bei der Insel Malaita (Melanesien) gibt es insgesamt 60 dieser von Menschen geschaffenen Eilande, die wie große Hausboote unbeweglich im flachen Wasser liegen.

66 Die künstlichen Inseln unterscheiden sich auf den ersten Blick kaum von den natürlichen. Eines fehlt jedoch in diesen Satellitensiedlungen: Trinkwasser. Es wird von Frauen zweimal wöchentlich aus Malaita herübergebracht. Die meisten besitzen dort auch noch kleine Gärten, in denen sie Gemüse und Früchte für den Eigenbedarf anbauen.

67 Pfahlbauten auf den künstlichen Inseln in der Lau-Lagune vor Malaita. Die Holzkonstruktion ist mit fensterlosen Matten bespannt und mit getrockneten Pandanus-Blättern gedeckt. ▷

68 Die Männer widmen sich in erster Linie dem Fischfang. Dazu gehört auch, daß sie ihre Boote selbst anfertigen. Sie nehmen dazu das säurehaltige Holz des Brotfrucht-Baumes, da es besonders widerstandsfähig gegen Termiten ist und auch im Salzwasser nicht fault. ▷

69 Immer wieder findet man auf den Gesellschaftsinseln Maraes wie hier auf Huahine. Diese steinernen Altäre waren Kennzeichen für bestimmte Stammesgebiete oder Zeremonialplätze. Der gesellschaftliche Rang eines Mannes hing vom Besitz eines eigenen Maraes ab. Ein Mann ohne Marae hätte nie Häuptling werden können.

70 Der Marae Manunu im Nordosten Huahines ist gut 100 Meter lang und über zwei Meter hoch. Auf dem Altar durften sich nur die Götter niederlassen. Seitlich schließt sich ein kleinerer Kultplatz an, auf dem sich das Grab Raiti's befindet, eines der berühmtesten Häuptlinge Huahines.

71 Dieser *Tiki* wurde von der 1500 Kilometer weiter südlich gelegenen Insel Raivavae nach Tahiti in den Park des Paul-Gauguin-Museums gebracht. Nach dem Glauben der Polynesier vermitteln diese Figuren zwischen Göttern und Menschen. Sie waren Schutzheilige eines Stammes und sollten die segnen, die sie geschaffen hatten, Fremde und Eindringlinge aber abschrecken. Dieses aus Basalt gemeißelte Exemplar ist 2,74 Meter hoch und zwei Tonnen schwer. Tikis wurden auch aus Holz geschnitzt.

72 Mit hochseetüchtigen Doppelrumpfkanus landeten austronesische Eroberer in Polynesien. Die Boote waren bis zu 40 Meter lang und konnten etwa 60 Passagiere samt den wichtigsten Nahrungspflanzen und Haustieren befördern. *(Kupferstich aus der Zeit von Kapitän Cook)*

73 Auf seiner dritten Reise konnte James Cook 1776 auf Tahiti einer Opferfeier der Eingeborenen beiwohnen. Auf dem alten Stich ist zu erkennen, daß weiter hinten für den Toten ein Loch als Grab ausgehoben wird. Die geschlachteten Schweine auf dem Gerüst dienten als Opfer.

74 Der Naturhafen von Taiohae an der Südküste Nuku Hivas (Marquesas-Inseln). Die russische Expedition nannte ihn nach einem Offizier der Mannschaft Tschitschagoff-Bai.

75 Kultplatz auf Nuku Hiva. Der Begriff ›Moray‹ entspricht dem polynesischen Wort *Marae*, mit dem Versammlungsstätten bezeichnet wurden, die unter Tabu standen. Ein russischer Offizier besichtigt mit drei tätowierten Eingeborenen den heiligen Ort. Die Tiki-Figuren im Zentrum, Abbilder verstorbener Häuptlinge, sind stark idealisiert und dem europäischen Geschmack angepaßt.

Diese Abbildungen, erste authentische Darstellungen der Eingeborenen auf den Marquesas-Inseln, stammen aus dem 1810 erschienenen Reisebericht von Kapitän Adam Johann von Krusenstern (1770–1846). Der gebürtige Este hatte 1803 im Auftrag der kaiserlich-russischen Admiralität die erste russische Weltumsegelung unternommen.

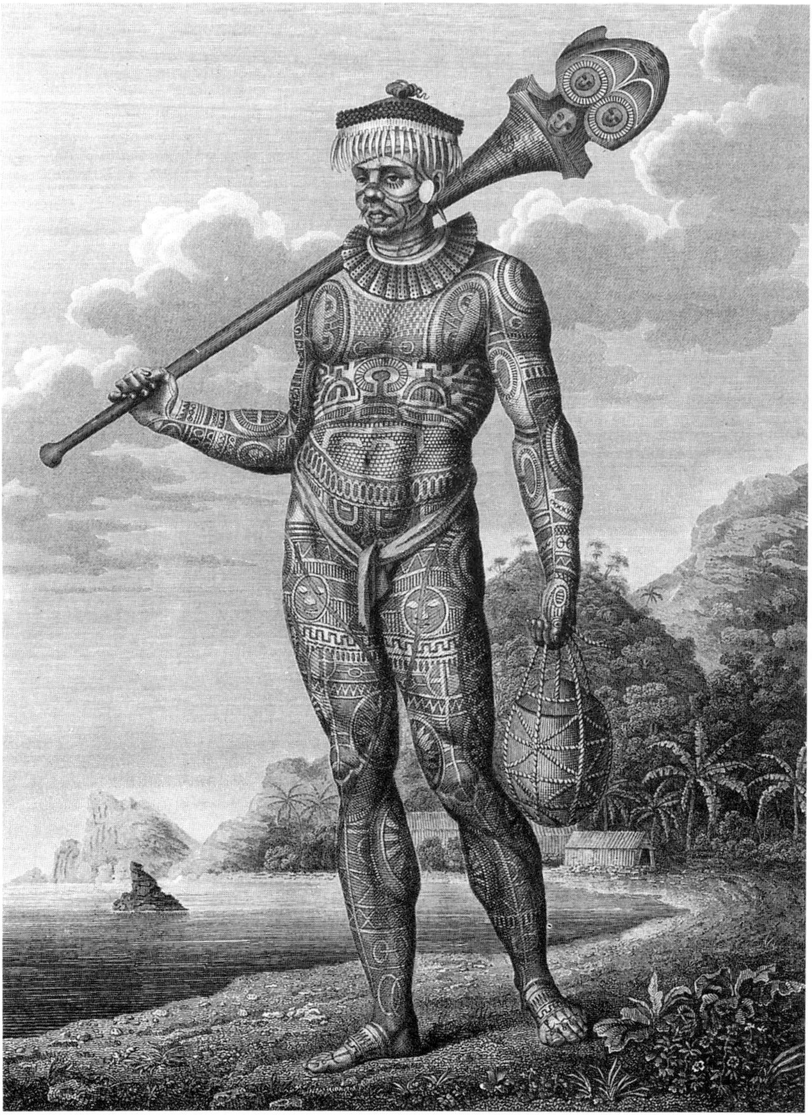

76 Schon die spanischen Seefahrer, die 1595 die Marquesas entdeckten, berichten, daß die Eingeborenen ihre Körper mit blauen Mustern tätowiert (tatauiert) hatten. Dieser Brauch, der bis ins 19. Jh. üblich war, befriedigte nicht nur das Schmuckbedürfnis der Insulaner, sondern gab die soziale Rangordnung wieder und diente kultischen oder medizinischen Zwecken. Der ›Wilde‹ trägt über der Schulter eine Streitkeule und hält ein Proviantnetz mit einem Kürbis.

Jaguar und Federschlange – Götter im Regenwald

Mythen der Mayas und Azteken

Unsere Reise beginnt im Norden Guatemalas. Einst hieß diese Gegend *Mayab*, das ›Land der Weisheit‹. Es war die Heimat der Mayas. Ihre Bauwerke ragen noch heute in den Himmel, inmitten der alles verschlingenden Vegetation, von der sie, wenn überhaupt, erst vor wenigen Jahrzehnten befreit wurden. Das größte und älteste Zentrum der Mayas war Tikal, der ›Ort, wo Geisterstimmen ertönen‹. Es war bereits um 600 v. Chr. besiedelt und ist eine planvoll angelegte Stadt mit einem riesigen Festplatz, flankiert von der ›Pyramide der Masken‹ und der ›Pyramide des Großen Jaguars‹. Tikal ist der architektonische Höhepunkt der Indianerkulturen Mittelamerikas, doch es ist nur ein Ort von

77 Tikal *bedeutet ›Ort, wo Geisterstimmen ertönen‹. Es ist das größte und älteste Zentrum der Mayas und war bereits um 600 v. Chr. besiedelt. Aus den dampfenden Regenwäldern des Petén erheben sich hier die höchsten Pyramiden auf amerikanischem Boden. Einige dieser antiken ›Wolkenkratzer‹ im heutigen Guatemala sind knapp 70 Meter hoch.*

vielen, die mit ihren gigantischen Steinbauten von den untergegangenen Reichen dieser Region zeugen.
Nahezu unbekannt sind die archäologischen Schätze im Südosten der amerikanischen Landbrücke. Eines der größten Geheimnisse dieser Zone verbirgt sich im Tal von Diquís in Costa Rica. Riesige Steinkugeln aus Granit, Andesit, Basalt oder Sedimentgestein stecken halb versunken im Boden. Sie sind mit äußerster Präzision exakt rund geformt. Man vermutet noch Tausende solcher Kugeln in der Erde. Exemplare mit einem Durchmesser bis zu 1,80 Meter wurden bereits ausgegraben. Anhand von Tonwaren, die man in der Nähe fand, nimmt man an, daß sie vor etwa 1000 Jahren hergestellt wurden.
Besonders erstaunlich ist, wie die indianischen Steinmetzen auf diese geometrische Form kamen. In der Natur gibt es nur ein absolut rundes Vorbild, die Sonne. Sie wurde jedoch damals vornehmlich als Scheibe dargestellt. Solche kreisrunden Goldfolien wurden an dünnen Fäden in die Eingänge der Hütten gehängt. Wenn sie sich bei starkem Luftzug um die eigene Achse drehten, entstand der optische Eindruck einer Kugel. Noch immer bleibt es rätselhaft, wie die Indianer mit ihren primitiven Werkzeugen riesige Steinblöcke von solcher Präzision bearbeiten konnten. Die Kugeln wurden in der Nähe von Begräbnisstätten gefunden. Sie dürften aber kaum einzelne Gräber markiert haben, sondern umzäunten vermutlich einen Ahnenplatz oder Friedhof. Welchem Zweck sie wirklich dienten, weiß man bis heute nicht.
Weiter im Nordwesten, im heutigen Guatemala, ließen sich andere Stämme zu phantasievollen Bilderzählungen anregen. Riesige Felsblöcke mit üppigen Verzierungen liegen mitten in den Zuckerrohrfeldern. Darunter entdeckt man auch eine seltsame Figur, die Erich von Däniken für einen außerirdischen Raumfahrer hielt. In Wahrheit ist es ein indianischer Ballspieler in seiner typischen Sportkleidung.
Östlich der Tuxtla-Berge an der Golfküste Mexikos erstreckt sich Tabasco. Früher wurde es *Olman* genannt, das ›Land des Kautschuks‹. Seine Bewohner waren die Olmeken, das erste Kulturvolk auf mittelamerikanischem Boden. Die archäologischen Funde dieser Gegend sind im Park von Villahermosa zu besichtigen.
Eine Besonderheit befindet sich auf einem über vier Meter hohen Steinblock: Dort ist ein Paar in Menschengröße eingemeißelt, wobei eine Person durch ihr fremdländisches Profil auffällt: Sie ist mit einer Hakennase und einem starken Bart gekennzeichnet. Der Bart verblüfft, wenn man bedenkt, daß den Indianern von Natur aus kaum Barthaare wachsen. In anderen Hochkulturen, wie dem alten Ägypten, schmückten sich die Pharaonen als

Zeichen ihres Amtes mit einem falschen Bart; Bilder des Gottes Osiris oder die Totenmaske Tutanchamuns zeigen dies. Solche künstlichen Bärte gab es aber auch bei den Mayas, wie die Stelen von Quiriguá beweisen, die zwischen 746 und 810 n. Chr. aus feinkörnigem Sandstein gehauen wurden. Völlig unterschiedliche Kulturen haben also dasselbe auffällige Rangabzeichen verwendet. Mittlerweile kann man nicht mehr ausschließen, daß ägyptische Seefahrer bereits vor 3600 Jahren in Mittel- und Südamerika landeten und dort auch verschiedene andere Elemente ihrer Kultur eingebracht haben, wie Schemel in Tierform oder Graburnen mit einer sitzenden Menschenfigur bis hin zu medizinischem Wissen über Schädeloperationen und Mumifizierung.

Ähnlich wie in Guatemala fand man auch im Olmeken-Gebiet riesige Köpfe, Einzelstücke aus einem Basaltblock gemeißelt, bis zu drei Meter hoch und 20 Tonnen schwer. Sie müssen bereits um 1000 v. Chr. entstanden sein. Auf den ersten Blick wirken diese Gesichter afrikanisch. Bei kleineren Gegenständen erscheint der Kopf jedoch stark stilisiert und dem eines Jaguars mit herunterhängenden Lefzen immer ähnlicher. Einer alten Sage zufolge soll der göttliche Jaguar mit einer Indianerfrau solche Katzenmenschen gezeugt haben. Er spielte im Kult der Olmeken, Mayas und Azteken eine außerordentliche Rolle, wurde als heiliges Tier verehrt und verkörperte alle Kräfte, die aus der Erde kommen. Überall trifft man auf den ›König des Urwalds‹: Der Mosaikboden einer Kultstätte entpuppt sich als Jaguarmaske, die Altäre sind als zähnefletschende Raubkatzenköpfe gestaltet; dem Jaguar wurden selbst Pyramiden geweiht.

Neben diesem alles beherrschenden Motiv taucht bei den alten Völkern Mittelamerikas ebenso häufig die *Gefiederte Schlange* auf. Bei den Azteken stellt sie den Gott *Quetzalcoatl* dar und vereint zwei völlig art- und wesensfremde Tiere: die Klapperschlange, die nur am Boden kriechen kann, und den die Luft beherrschenden Quetzalvogel aus den Regenwäldern Yucatans. Das Mischwesen verkörpert die Mächte von Himmel und Erde und stellt eine Verbindung zwischen den beiden Elementen her. Die Herkunft der Federschlange ist unklar, doch nach den Überlieferungen scheint sich dahinter eine historische Gestalt zu verbergen, und zwar Ce Acatl Topiltzin, der von 947 bis 999 n. Chr. lebte. Der gelehrte Herrscher nahm den Namen des Gottes an. Er führte den Ackerbau ein, brachte den Menschen den Mais, lehrte sie die Schrift und erfand den Kalender. Menschenopfer lehnte er ab. Vielleicht wurde er von seinen blutgierigen Gegnern gerade deshalb gestürzt und verjagt.

Auch die Mayas widmeten diesem Gott verschiedene Kultplätze. Der wichtigste war Chichén Itzá mit der ›Pyramide des *Kukulcan*‹, wie die

Gefiederte Schlange bei ihnen genannt wurde. An der Haupttreppe dieses Heiligtums erscheint sie noch heute während der Tagundnachtgleichen (21.3. und 21.9.) als magisches Licht- und Schattenmuster.
Beispielhaft für den Wandel der Mythen bei den Mayas ist, daß im Kern des Bauwerks eine zweite, sehr viel ältere Pyramide steckt, auf deren oberster Plattform ein steinerner Jaguar steht. Priester ließen sie vor rund 1000 Jahren überbauen. Ein Zeichen dafür, daß der alte Jaguar-Kult durch den neuen Glauben an die Federschlange abgelöst wurde.
Zurück zum Ausgangspunkt unserer Reise, in den Norden Guatemalas, nach Tikal. Die ›Pyramide des Großen Jaguars‹ ist 47 Meter hoch und in

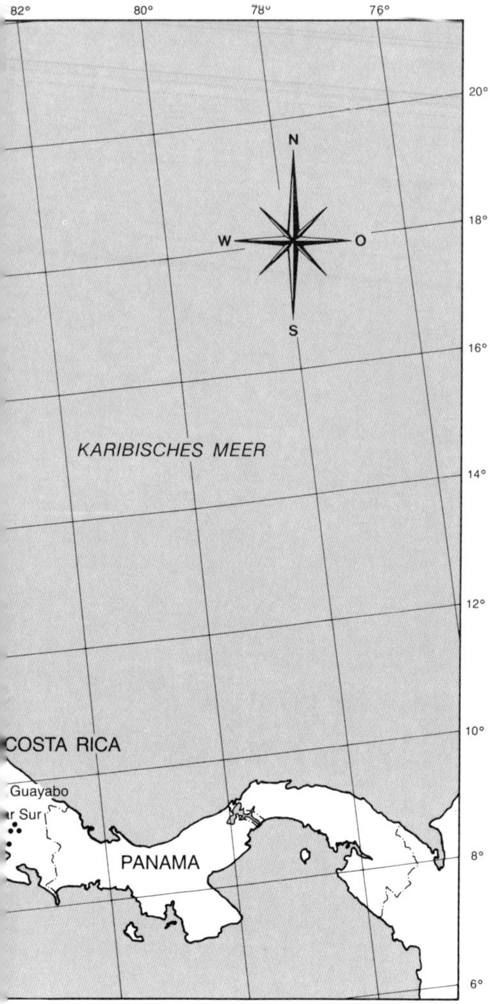

neun Stockwerke gegliedert, wie das Universum der Mayas, das aus neun Himmeln bestand. Der Tempel auf der Spitze enthält nur drei winzige Räume. Gegenüber erhebt sich die ›Pyramide der Masken‹, nach Westen ausgerichtet. Im Norden liegt die Akropolis, ein Labyrinth aus Tempeln und Opferplätzen, der religiöse Mittelpunkt von Tikal. Er ist terrassenförmig angelegt und entstand über mehrere Jahrhunderte hinweg. Aus den Ruinen und den unteren Bodenschichten von Tikal wurden tonnenweise Schmuck, Opfergaben und Gebrauchsgegenstände geborgen. Neben dem religiösen Zentrum war Tikal auch eine Stadt mit Wohnhäusern und Werkstätten, die jedoch aus Holz bestanden und daher längst vermodert sind. Die Kernzone mit 3000 Bauwerken bedeckte 16 Quadratkilometer, der gesamte Stadtbereich aber umfaßte 123 Quadratkilometer. Tikal war eine quirlige Handelsmetropole mit einem regen Export und Import von Waren. In seiner Blütezeit hatte es etwa 50 000 Einwohner. Früheste Zeugnisse von Menschen in Tikal stammen aus der Zeit um 600 v. Chr. Die Stelen in den Tempeln halten Ereignisse der Stadtgeschichte mit exakten Daten fest. Sie zeigen meist Herrscher und Priester. Das erste Standbild wurde 292 n. Chr. errichtet, das letzte im Jahre 889 n. Chr. Danach begann der rätselhafte Untergang Tikals.

Diese Stadt wurde nicht von spanischen Eroberern zerstört, sondern von ihren Bewohnern viel früher verlassen. Die Gründe dafür kennen wir nicht. Bis heute hat man gerade 30 Prozent der Stadt vom Dschungel befreit. Dabei soll es auch bleiben. Tikal wird seine frühere Größe nie wieder erlangen. Gott Jaguar und die Federschlange sind für immer im Wald der Mythen verschwunden.

78 Trotz 400 Jahren Christianisierung: Die alten Indianergötter sind noch höchst lebendig. Bis heute werden diesem fast 1000 Jahre alten kolossalen Steinkopf im Süden Guatemalas Kerzenopfer dargebracht.

79 Ein Wunderheiler verehrt den steinernen Gott mit *Pom,* Weihrauch aus dem Harz des Drachenblutbaums, den schon die Mayas benutzten. ▷

80 Eines der größten Geheimnisse Mittelamerikas verbirgt sich im Tal von Diquís/Costa Rica: Hunderte riesiger Steinbälle liegen noch immer halb versunken im Boden der Bananenplantagen. Wie kamen die Indianer überhaupt auf die Idee einer Kugel, und zu welchem Zweck wurden sie gleich massenweise hergestellt? ▷

81 Einige der rätselhaften Kugeln fand man in Grabhügeln, zusammen mit anderen Beigaben, wie diesem kunstvoll aus Andesit gemeißelten Mahlstein zum Zerkleinern von Maiskörnern. Der zwischen 300 und 600 n. Chr. entstandene Haushaltsartikel verrät ein Höchstmaß an Phantasie. Der stilisierte Tierkörper schwingt in einen zähnefletschenden Jaguarkopf aus. *(Museo Nacional de Costa Rica, San José)*

82 Die Götter der Indianer erscheinen meist in Tiergestalt, auch auf Gebrauchsgegenständen wie diesem Keramikgefäß in Form des Fledermausgottes mit ausgebreiteten Vampirflügeln. Es diente zum Verbrennen von Kräutern oder Harz und stammt aus Guanacaste/Costa Rica; ca. 300–500 n. Chr. *(Museo Nacional de Costa Rica, San José)*

83 Auf der Finca ›El Baul‹ in Guatemala fand man diesen steinernen Jaguar, harmlos posierend wie ein Hündchen, neben einem Standbild, das die wildesten Spekulationen auslöste: Erich von Däniken ›verkaufte‹ die Hauptfigur als echten Astronauten! In Wahrheit zeigt die Szene das typische Ballspiel der Mayas und ihrer Vorgänger.

85 Das geheimnisumwitterte Volk der Olmeken, der ›Leute aus dem Kautschukland‹ an der Golfküste Mexikos, hat 18 solcher gigantischen Basaltköpfe hinterlassen, die heute neben anderen Zeugnissen ihrer Kultur im Park ›La Venta‹ bei Villahermosa/Mexiko ausgestellt sind. Sie wirken auf den ersten Blick ausgesprochen afrikanisch. Haben schwarze Sklaven von phönizischen oder ägyptischen Expeditionsschiffen, die vor 2600 Jahren hier strandeten, den Bildhauern der Olmeken womöglich Modell gestanden? Nein, sagen die mexikanischen Archäologen. Für sie handelt es sich um Darstellungen vergöttlichter Jaguarmenschen oder steinerne Trophäen geköpfter Ballspieler. Diese Skulptur entstand um 1000 v. Chr., ist 2,40 Meter hoch und 20 Tonnen schwer.

◁ 84 Diese einzigartige Skulptur aus Tzekelna bei Uxmal stellt keinen außerirdischen Raumfahrer, sondern einen Venuspriester aus dem Maya-Reich dar. Der Bildhauer hat ihn mit dem Symbol des Planeten, einem fünfzackigen Stern, gekennzeichnet. *(Museo de Antropología Merida, Mexiko)*

86 Steinerne Markierungsscheibe von einem Ballspielplatz der Mayas. Neben der Kautschukkugel und den Anführern der beiden Mannschaften sind auf einer Glyphentafel sogar die Ergebnisse der Spiele dargestellt. *(Museo Nacional de Arqueología y Etnología, Guatemala-Stadt)*

87 Auf dem um 1200 v. Chr. gemeißelten Altarrelief hält eine undefinierbare Person ein sich sträubendes Kind mit raubkatzenartigen Gesichtszügen fest. Ein Hinweis auf Baby-Opfer für den Jaguargott oder bildliche Wiedergabe jener uralten Sage, nach der der göttliche Jaguar mit einer Eingeborenenfrau solche Katzenmenschen gezeugt hat?

88 Dieser Altar ist ein einziger stilisierter Jaguarkopf. Auf der Platte erkennt man die flache Schnauze mit den Reißzähnen. Im weit aufgerissenen Rachen der Raubkatze kauert ein Herrscher oder Priester.

89 Die bis zu 10 Meter hohen Fürstendenkmäler von Quiriguá wurden aus ▷ feinkörnigem Sandstein gemeißelt. Nach den Glyphen auf den Rückseiten lassen sie sich auf eine Entstehungszeit zwischen 746 und 810 n. Chr. datieren.

90 Das erst 1980 eröffnete Regionalmuseum in Villahermosa ist eine wahre Schatzkammer. Es präsentiert einzigartige Stücke aus der Maya-Epoche, die in keiner anderen Kunstsammlung Mexikos zu sehen sind. So die Urnengefäße aus den Tropfsteinhöhlen von Tapijualpa.

91 Die Urnen mit ihren bizarren, furchterregenden Darstellungen von Halbgöttern und Zauberpriestern wurden zwischen 100 und 650 n. Chr. modelliert. *(Museo de Tabasco, Villahermosa)*

92 Eine steinerne Himmelsleiter führt aus dem tropischen Urwald Mexikos zum Tempel auf der Großen Pyramide in Cobá. Die Archäologen überließen eine Hälfte des 24 Meter hohen Bauwerks bewußt der Natur.

93 Die ›Pyramide des Großen Jaguars‹ in Tikal, erbaut um 700 n. Chr., ragt 47 Meter auf und ist in neun Stockwerke gegliedert, wie das Universum der Mayas, das aus neun Himmeln bestand.

94 Im Norden der *Plaza* von Tikal liegt die sogenannte Akropolis. Mit diesem Begriff aus dem griechischen Altertum bezeichnen die Archäologen das religiöse Zentrum der Stadt, ein terrassenförmig angelegtes Labyrinth aus Tempeln und Opferplätzen. In mehreren Jahrhunderten entstand ein Gebäudekomplex über dem anderen.

95 Blick von der ›Mondpyramide‹ in Teotihuacán/Mexiko über die Kultplattformen am ›Mondplatz‹ auf die ›Sonnenpyramide‹, deren Umrisse die Form des Berges im Hintergrund bewußt wiederholen. Die Pyramide als künstlicher Götterberg!

96 Das Kultzentrum des *Olmeca-Xicallanca*-Stammes mit seinen einzigartigen Fresken aus dem 9. Jh. n. Chr. wurde erst vor wenigen Jahren in Cacaxtla/Mexiko entdeckt und freigelegt.
Ein Priester, in ein Jaguarfell gehüllt und mit reichem Kopfschmuck aus Quetzalfedern, hält im rechten Arm einen Wasserkrug mit dem Gesicht des Regengottes: Der *Tlaloc*-Kult mischt sich hier mit der Verehrung von *Quetzalcoatl,* Gott Federschlange.

97 Auf der künstlich planierten Hochfläche von Xochicalco erheben sich zwanzig mächtige Steinsockel. Im Zentrum der Anlage stehen die ›Pyramide des Quetzalcoatl‹ und der ›Tempel der Sterne‹.

98 Der ›Tempel des *Quetzalcoatl*‹ in Teotihuacán ist der Federschlange geweiht, einem geheimnisvollen Mischwesen aus einer Klapperschlange und dem Quetzal-Vogel. Der dämonische Kopf ist von einem Blütenkranz umgeben – ein Symbol der Fruchtbarkeit.

99 Gott Quetzalcoatl mit Alligatorkopf und federverziertem Schlangenleib. △ Die Bildhauer haben in Xochicalco um das Jahr 800 im Sockel der Pyramide eine wichtige Kalenderreform festgehalten, die unter der Schirmherrschaft des Gottes von Priesterastronomen durchgeführt wurde.

100 Die Detailzeichnung aus diesem Steinrelief verdeutlicht die Szene: Der ▷ Übergang von einer Zeitrechnung zur nächsten wird hier bildlich dargestellt. Unter dem Kinnbart des Gottes greift eine kleine Hand nach einer Kartusche mit einer Zahlenglyphe, dem neu berechneten Datum ›5-Haus‹. Weiter rechts zieht eine zweite Hand das alte, überholte Zeitsymbol ›11-Affe‹ aus dem Verkehr.

101 Uxmal ist eine der eindrucksvollsten Anlagen im Norden des Maya-Landes. Dieser Komplex aus fünf miteinander verbundenen Gebäuden heißt ›Haus der Tauben‹. Die phantasievolle Bezeichnung geht auf die hohen, taubenschlagähnlich durchbrochenen Dachgiebel zurück.

102 Südteil des insgesamt 98 Meter langen Gouverneurspalastes von Uxmal. In starkem Kontrast zur glatten, schmucklosen Torwand steht der vorspringende Mosaikfries, dessen Muster sich aus 20 000 behauenen Steinen zusammensetzt. Das spitzwinklige Dreieck markiert einen schmalen Verbindungstrakt zwischen Seiten- und Mittelteil.

103 So sah der Verbindungstrakt im Gouverneurspalast vor fast 150 Jahren aus, als der englische Künstler Frederick Catherwood die Ruinen zeichnete. Zweimal, 1840 und 1841, besuchte er mit dem amerikanischen Rechtsanwalt und Schriftsteller John Lloyd Stephens die verlorene Stadt. Stephens veröffentlichte 1841 und 1843 unter dem Titel *Incidents of Travel in Central America, Chiapas and Yucatan* seinen archäologischen Reisebericht über das damals völlig unbekannte Maya-Gebiet. Die Doppelbände enthielten auch über 200 kolorierte Stiche von Catherwood. ▷
Diese detailgenauen graphischen Vorlagen waren äußerst nützlich bei der Rekonstruktion der wichtigsten Bauwerke von Uxmal, mit der man 1928 begann.

Uxmal: Archway *F. Catherwood* *London 1844*

104 Eine der großartigsten Maya-Siedlungen in Chiapas trägt die spanische Bezeichnung *Palenque* (›Palisadendorf‹). Der wirkliche Name dieser Stadt aus dem 6. Jh. n. Chr. ging verloren. Im Zentrum erhebt sich der Hauptpalast mit seinen riesigen Säulengängen und dem vierstöckigen Turm, der als Observatorium diente.

105 Blick von der nördlichen Galerie des Palastes auf den Beobachtungsturm. Das davorliegende Bauwerk hat breite Pfeiler, die mit Stuckreliefs sitzender Priester geschmückt sind.

106 Vor 160 Jahren war der Palast noch stark verfallen und von tropischer Vegetation überwuchert. Seine auffälligen Merkmale – die breite Freitreppe, die in mehrere Korridore unterteilte Fassade und der als Sternwarte genutzte Turm – sind jedoch deutlich zu erkennen.

Jean Frédéric de Waldeck (1766–1875), ein böhmischer Baron, der nach Frankreich auswanderte, war der erste europäische Maya-Forscher. Da ihn sein Beruf als Maler und Lithograph nicht ausfüllte, nahm er 1798 an Napoleons Ägypten-Feldzug teil, durchquerte ganz Afrika und bereiste Madagaskar, Indien und Südamerika. Schließlich kam er über Guatemala nach Mexiko, wo er 1832 im Auftrag der Regierung die gerade erst entdeckte Indianerstadt Palenque untersuchte. Er zeichnete ihre zahlreichen Gebäude, Reliefs und Inschriften, die er alle für ägyptischen und chaldäischen Ursprungs hielt. Seinen reich illustrierten Bericht veröffentlichte der hundertjährige Abenteurer 1866 unter dem Titel Recherches sur ruines de Palenque *in Paris.*

107 Palenque: Auf einem dicht bewaldeten Hügel erhebt sich der ›Tempel des Kreuzes‹, so benannt nach einem Relief mit der Darstellung einer heiligen Maispflanze in Kreuzform. Darunter liegen, damals noch vom Pflanzenteppich bedeckt und Waldecks Augen verborgen, der ›Tempel des Blattkreuzes‹ und der ›Sonnentempel‹.

108 Chichen Itzá: Südlich der ›Pyramide des Kukulcan‹ liegt das Observatorium. Auf einer Reihe von Terrassen wurde ein zylindrischer Turm errichtet, der *Caracol* heißt, ›Schneckenhaus‹, denn sein Inneres ist schneckenhausartig mit einer Wendeltreppe versehen. Solche Rundbauten findet man selten im alten Amerika. Die kleine Kammer auf der Spitze enthält drei Visierscharten, die nach astronomischen Punkten ausgerichtet sind. Die Himmelsforscher der Mayas haben bei ihren Beobachtungen schon das Venusjahr exakt berechnet. Ihr Ergebnis weicht nur um 8 Hundertstel von modernen Messungen ab. ▷

109 Zweimal im Jahr, am 21. März und 21. September, offenbart sich in Chichen Itzá Gott Federschlange als magisches Sonnenmuster an der Haupttreppe seiner Pyramide. Sein Astralleib besteht aus sieben gleichschenkligen Dreiecken und dem beleuchteten Reptilienkopf. Das ist kein Naturwunder, sondern ein perfekt inszeniertes Licht- und Schattenspiel, das die Architekten der Mayas erst nach sorgfältigen Beobachtungen des Sonnenlaufes entworfen haben. Nach einem genau berechneten Bauplan wurde die Pyramide dann so konstruiert, daß sich das atemberaubende Phänomen auch tatsächlich einstellt, bis in unsere Tage.

Der Traum von Eldorado

Goldreiche in Südamerika

In einem Handstreich hatten spanische Konquistadoren im 16. Jahrhundert das mächtige Imperium der Inkas unterworfen, die Paläste ihrer Herrscher und die Tempel des Sonnengottes restlos geplündert.

Aber ihre Goldgier war noch längst nicht befriedigt. Durch die eroberten Gebiete Südamerikas schwirrten immer wieder neue Gerüchte von unermeßlichen Schätzen.

Sie verdichteten sich schließlich zu einem Zauberwort: *Eldorado.* Eldorado lag überall und nirgendwo. Einmal war es ein Tempel, angefüllt mit Gold und Edelsteinen, dann wieder eine juwelenverzierte, im Urwald versunkene Stadt, ja sogar ein ganzes Königreich aus Gold. Alles Phantome, denen die Menschen blind nachjagten, um auf den Gletschern der Anden oder in der

110 Machu Picchu, das Wunder der Anden, entging den spanischen Schatzjägern auf ihrer Suche nach Eldorado. *Erst 1911 wurde der geheime Zufluchtsort der letzten Inkas zufällig entdeckt.*

Grünen Hölle jämmerlich zu enden. Doch der Traum von Eldorado hatte einen realen Hintergrund.
Ursprung und Schauplatz der Sage liegen im heutigen Kolumbien, am Kratersee von Guatavita. Vor über 500 Jahren feierten dort die Muisca-Indianer den Amtsantritt ihrer Herrscher mit einer glänzenden Zeremonie:
Der nackte Häuptling wurde mit Harz eingerieben und mit Goldstaub bepudert. Dann bestieg er ein Floß aus Schilfrohr, auf dem Gold und Smaragde aufgehäuft waren. Das Floß fuhr zur Mitte des Sees, wo die Schätze versenkt wurden. Auch die Zuschauer am Ufer warfen kostbare Gaben in den See. Der Herrscher kehrte zurück und stieg am Ufer ins Wasser, um sich den Goldstaub abwaschen zu lassen. Mit diesem Ritual legitimierte er sich als Anführer seines Stammes.
Berichte von diesem faszinierenden Schauspiel kursierten nicht nur in Südamerika, sondern auch schon bald in Europa. Der ›vergoldete Mann‹, auf spanisch *El dorado hombre*, wurde zum Symbol des Goldrausches und verlieh einem Phantasieland seinen Namen.
Damit begann die Suche nach den angeblich unermeßlichen Schätzen. Schon 1545 versuchten die Spanier, das Wasser aus der Lagune von Guatavita mit Eimern herauszuschöpfen. Man konnte zwar den Wasserspiegel um drei Meter senken und etliche Schmuckstücke bergen, der Hauptschatz aber lag in 37 Meter Tiefe auf dem Grund des Sees. 1580 folgte eine noch kühnere Aktion: Ein spanischer Kaufmann ließ am Uferrand einen Graben ausheben, durch den das Wasser abfließen sollte. Der Wasserstand fiel diesmal um 20 Meter, doch die unbefestigten Wände des Grabens stürzten ein und rissen viele der indianischen Arbeiter in den Tod. Immerhin holte man 50 Kilogramm Gold aus dem See.
Die Suche nach Eldorado beschränkte sich nicht nur auf Kolumbien, sondern umfaßte praktisch all jene Regionen Südamerikas, wo seit Jahrhunderten von den Ureinwohnern Edelmetalle gefördert und verarbeitet wurden.
Für andere zivilisatorische Leistungen der Bevölkerung hatten die europäischen Eroberer keinen Blick und kein Verständnis.
Sie übersahen die großartige Architektur der Indianer im Andenraum und an der Pazifikküste, zerstörten ihre steinernen Statuen, weil sie in deren Kern Gold vermuteten und richteten das ökologisch vorbildliche Agrarsystem zugrunde. Rücksichtslos brachen sie die Fürstengräber auf, interessierten sich aber nur für die goldenen Totenmasken und

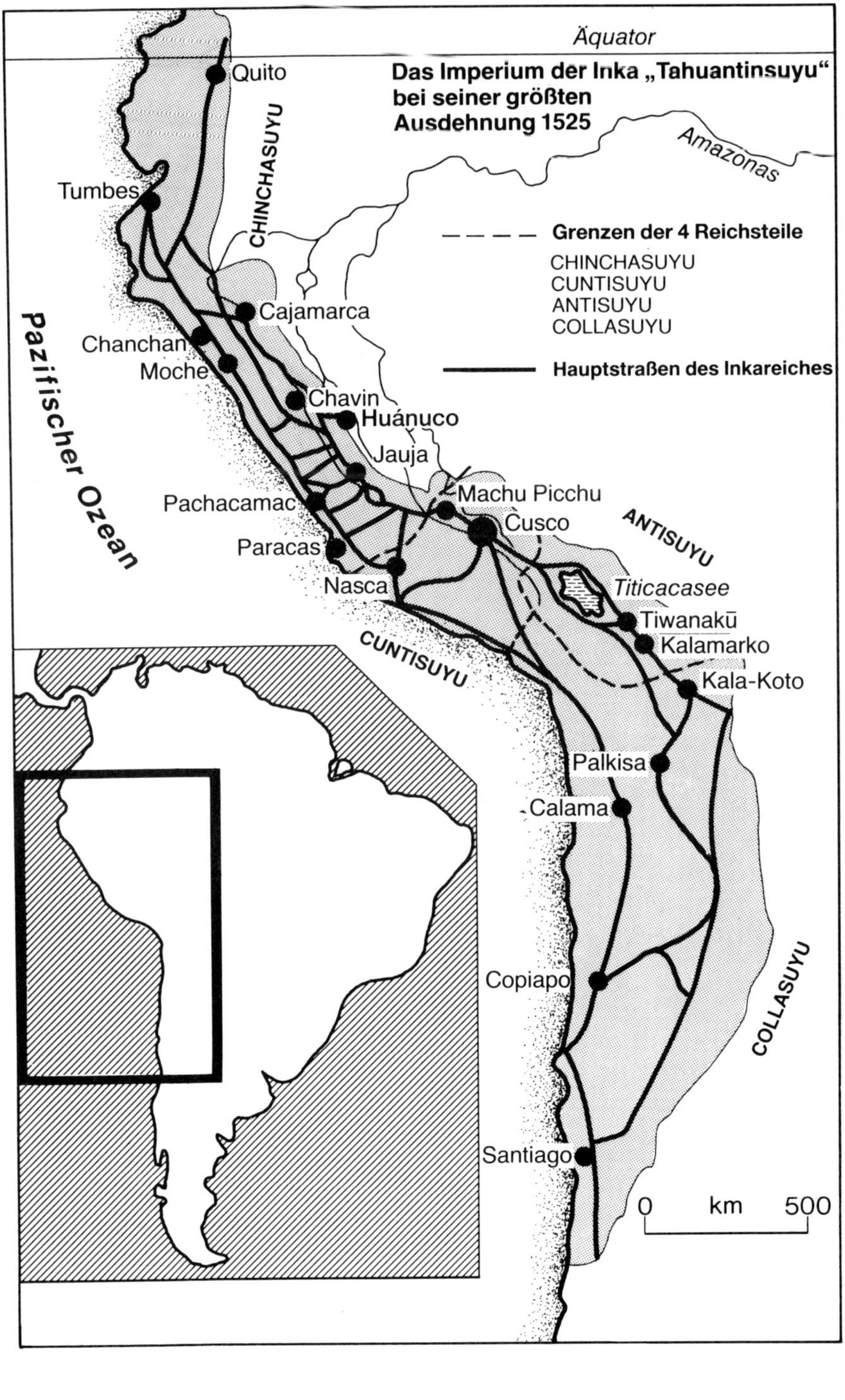

Äquator
Das Imperium der Inka „Tahuantinsuyu“ bei seiner größten Ausdehnung 1525
Amazonas
Grenzen der 4 Reichsteile
CHINCHASUYU
CUNTISUYU
ANTISUYU
COLLASUYU
Hauptstraßen des Inkareiches
Quito
Tumbes
CHINCHASUYU
Pazifischer Ozean
Cajamarca
Chanchan
Moche
Chavin
Huánuco
Jauja
Machu Picchu
Pachacamac
Cusco
ANTISUYU
Paracas
Nasca
Titicacasee
Tiwanakū
Kalamarko
CUNTISUYU
Kala-Koto
Palkisa
Calama
Copiapo
COLLASUYU
Santiago
0 km 500

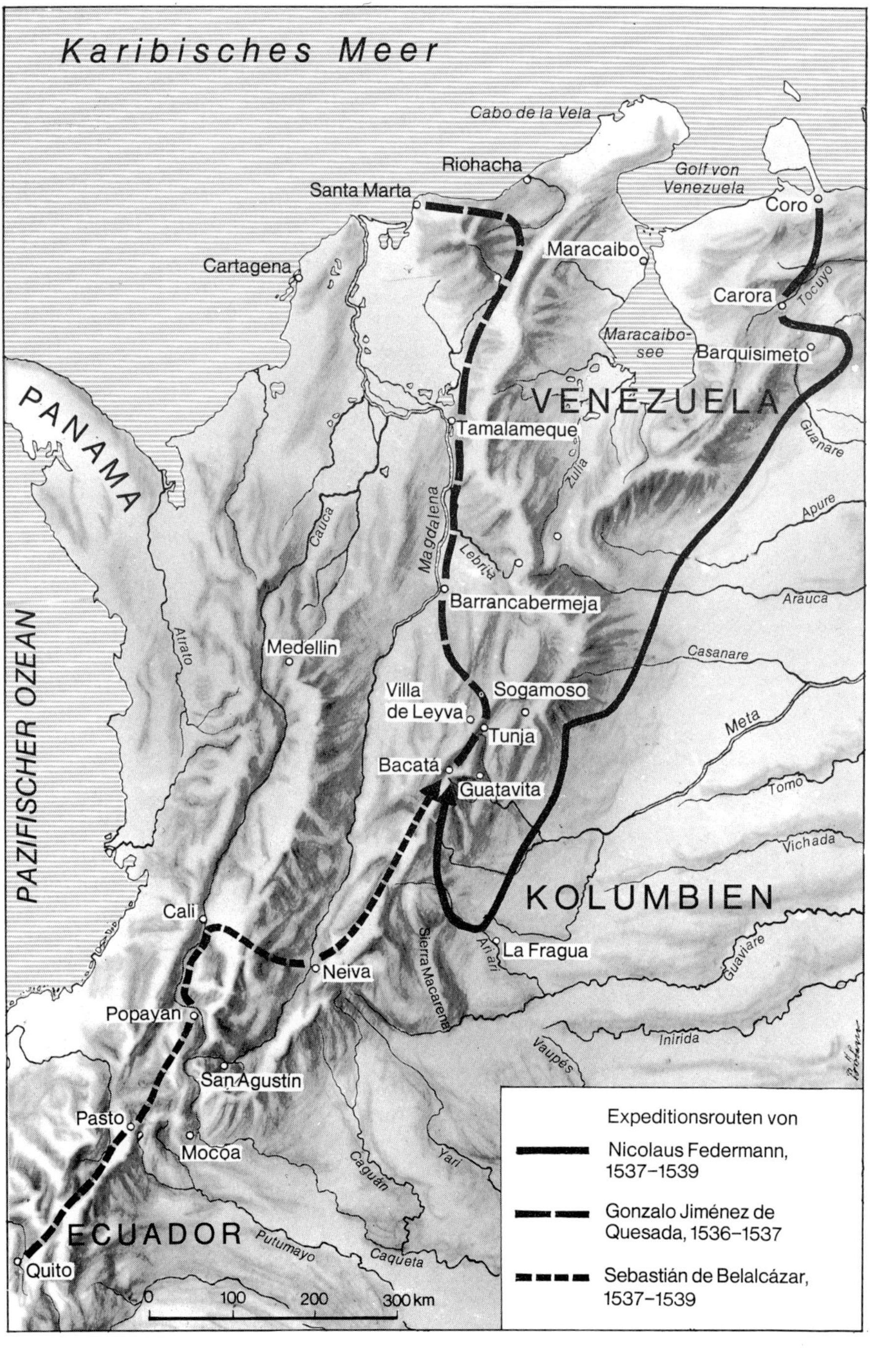

Karibisches Meer
Cabo de la Vela
Riohacha
Golf von Venezuela
Santa Marta
Coro
Maracaibo
Cartagena
Carora
Tocuyo
Maracaibosee
Barquisimeto
PANAMA
VENEZUELA
Tamalameque
Guanare
Zulia
Cauca
Magdalena
Apure
Lebrija
Barrancabermeja
Arauca
Atrato
Medellin
Casanare
PAZIFISCHER OZEAN
Villa de Leyva
Sogamoso
Tunja
Meta
Bacatá
Guatavita
Tomo
Vichada
KOLUMBIEN
Cali
Ariari
La Fragua
Guaviare
Neiva
Sierra Macarena
Popayan
Inirida
Vaupés
San Agustin
Pasto
Mocoa
Yari
Caguán
ECUADOR
Putumayo
Caqueta
Quito
0
100
200
300 km
Expeditionsrouten von
Nicolaus Federmann, 1537–1539
Gonzalo Jiménez de Quesada, 1536–1537
Sebastián de Belalcázar, 1537–1539

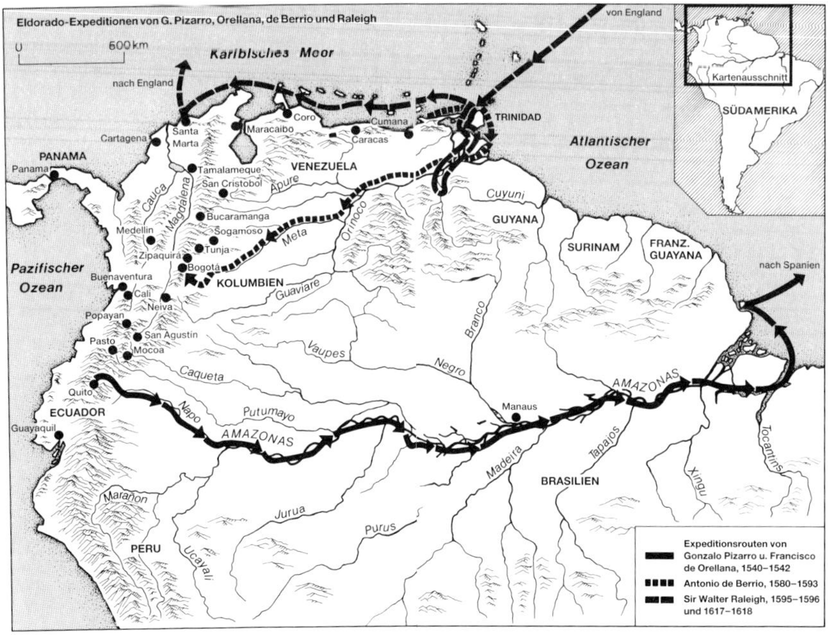

warfen die kostbaren Mumientücher und phantasievollen Tongefäße achtlos beiseite.

Für die Spanier zählte allein der materielle Wert. So wurde auch der prachtvolle, formenreiche Goldschmuck in den Schmelztiegeln zwischen Panamá und Potosí in genormte Barren gegossen und nach Europa verschifft, zwecks Aufbesserung der hochverschuldeten Staatskasse und zur maßlosen Bereicherung einiger weniger.

Die verrohte Soldateska hinterließ eine breite Blutspur. Ihre abenteuerlichen Raubzüge durch den Kontinent waren begleitet von der beispiellosen Vernichtung einer hochentwickelten Kultur und der grausamen Unterdrückung der indianischen Bevölkerung. Davon haben sich viele Völker Lateinamerikas bis heute nicht erholt.

Die einzigen, die von den ehrgeizigen, menschenverachtenden Expeditionen nach Eldorado profitierten, waren der spanische Hof, die Regenten in den Vizekönigreichen Neu-Granada und Peru, sowie die katholische Kirche.

Es ist fast ein Wunder, daß trotz dieser Barbarei noch staunenswerte Zeugnisse indianischer Kunst und Technologie bis in unsere Zeit erhalten blieben, gerade in jenen alten Goldreichen, die unter dem Schwert, den Kanonen, Brandfackeln und Scheiterhaufen der *Conqui-*

sta am meisten zu leiden hatten: in Kolumbien, Peru und Bolivien. Wir verdanken das in erster Linie den Archäologen, die mit kriminalistischem Spürsinn und in mühevollen Grabungskampagnen Kostbarkeiten zutage förderten, die der Goldgier und dem Vandalismus der Spanier entgangen waren.

Dabei rückten die Wissenschaftler auch die Leistungen jener vergessenen Indianerstämme in ein neues Licht, die lange im Schatten des glanzvollen Inka-Reiches gestanden hatten. Beispiele ihrer hohen Kunstfertigkeit zeigen die Abbildungen auf den folgenden Seiten.

Erst kürzlich wurden in den schwer zugänglichen Bergschluchten im Osten Perus die grandiosen Geisterstädte der verschollenen Yaro-Kultur neu entdeckt, legten Archäologen nahe der Küste bei Sipán die unversehrten Gräber einer ganzen Herrscherdynastie mit einmaligen Schmuckstücken frei.

So kann man denn noch heute in den trostlosen Wüsten, den fieberheißen Regenwäldern und auf den Eispyramiden der Kordillere überraschende Funde machen, die die verschütteten Wurzeln des alten Amerika immer weiter freilegen. Eldorado aber bleibt ein Traum.

111 Der Häuptling der Muisca-Indianer wird mit Harz eingerieben, ein anderer Diener pustet durch ein Blasrohr Goldstaub auf seine Haut. Im Hintergrund sieht man Stammesangehörige feiern. Der Kupferstich aus dem 16. Jh. zeigt den Beginn einer Zeremonie, die den ›goldenen Mann‹ als Anführer seines Volkes legitimierte. (aus: Theodor de Bry's *Historia Americae*, Frankfurt a. M. 1599)

112 Schon lange vor den Inkas schufen die Goldschmiede der Tiwanaku-Kultur am Titicaca-See erlesene Preziosen wie diesen goldenen Brustschmuck mit Mäandermuster.

113 Dieses Golddiadem ist ein weiteres Zeugnis ihrer Kunst. Die Augen der Göttermaske sind aus Türkis. Beide Objekte stammen aus der Periode Tiwanaku V., 800–1100 n. Chr. *(Museo de metales preciosos, La Paz)*

114 Der sieben Meter hohe Monolith im Sonnenheiligtum von Tiwanaku/ Bolivien gilt als eine der größten Statuen Südamerikas. Die streng stilisierte, grobschlächtige Figur ist mit feinen Reliefs überzogen. Sie hält einen schäumenden *Kero*, einen Opferbecher, in der Hand. Solche Gefäße aus Keramik oder Holz fand man auch im Boden der Anlage.

115 Abseits des Sonnentempels von Tiwanaku steht das mächtige Sonnentor. Drei Meter hoch und vier Meter breit, wurde es aus einem einzigen Andesitblock herausgeschlagen.

117 Das geheimnisvolle Relief an der Ostseite des Sonnentors war jedoch zu Squier's Zeit noch weit besser erhalten als heute. Das beweist die Abbildung des zentralen Motivs mit dem weinenden Schöpfergott *Viracocha* zwischen geflügelten Wesen. Die Tränen, die über sein Gesicht laufen, symbolisieren den Regen und die Fruchtbarkeit.

◁ 116 So fand der US-Diplomat und Hobby-Archäologe Ephraim George Squier in den sechziger Jahren des vorigen Jahrhunderts das Sonnentor von Tiwanaku vor: durch einen Blitzschlag in zwei Teile gespalten. Gut erkennbar auf einer Radierung in seinem 1883 auch auf deutsch erschienenen Bestseller *Peru. Reise- und Forschungs-Erlebnisse in dem Lande der Incas.*

118 Die ›Venus von Frías‹, ein weibliches Idol aus Gold mit einem Feingehalt von über 20 Karat, gefunden in Nordperu. Mochíca-Stil, 200 v. Chr. bis 800 n. Chr.

120 Mit dem Gold von Eldorado und auf den Fundamenten heidnischer Tempel errichtete die katholische Kirche ihre prachtvollen Gotteshäuser. Die Kathedrale von Cuzco (1560–1654) thront über den Grundmauern eines Palastes, in dem der Inka Viracocha einst regierte.

119 Opfermesser *(Tumi)* aus 22 Karat Gold mit Türkiseinlagen. Dargestellt ist der legendäre Herrscher

Naymlap. Chimú-Stil, 1000 bis 1450 n. Chr.

121 Mumienmaske aus Gold mit Resten roter Bemalung. Augen aus Muschelscheiben mit Kupferpupillen, Einlagen des Ohrschmucks aus Türkisen. Chimú-Stil, 1000–1450 n. Chr. *(Alle Gegenstände: Museo Oro del Perú, Lima.)*

122 Der Vulkan Misti (5822 m), Wahrzeichen und mythischer Wächter der Stadt Arequipa im Süden Perus.

123 Eine Meisterleistung indianischer Landschaftsarchitekten, entstanden vor 800 Jahren: In die halbkreisförmige Mulde - ein Werk der Natur - wurden Hunderte von Terrassenstufen geschlagen, gegen Erosion befestigt und in fruchtbare Ackerflächen verwandelt. Aus der Luft wirkt diese Anlage am Ufer des Rio Colca wie ein Amphitheater.

Die Indianer im alten Peru waren nicht nur ausgezeichnete Metallhandwerker und Juweliere, sondern auch Meister der Keramikgestaltung und Textilkunst. Das beweisen seltene Stücke aus Museen der Hauptstadt Lima.

124 Toter Gefangener, der an einen Baum gefesselt und den Geiern zum Fraß überlassen wurde. Mochíca-Kultur, 200 v. Chr.–800 n. Chr. *Archäologisches Museum Rafael Larco Herrera, Lima)*

125 Ein Meter hohe Keramik-Trommel in Gestalt eines Raubkatzendämons. Nazca-Kultur, 100 v. Chr.–600 n. Chr. *(Nationalmuseum für Anthropologie und Archäologie, Lima)*

126 Tonpuppen der Nazca-Kultur, die nicht nur unterschiedliche, abwechslungsreich gemusterte Kleidermodelle tragen, sondern auch als Grabbeigaben verwendet wurden. Diese Zeremonialfunktion unterstreicht die größte Figur, die die Kopftrophäe eines erschlagenen Feindes vor sich hält. *(Nationalmuseum für Anthropologie und Archäologie, Lima)*

127 Schultertuch aus Lamawolle für einen Priester oder Würdenträger mit Darstellung fliegender Katzendämonen. Die erstaunlich kräftigen Farben wurden aus Pflanzen gewonnen. Paracas-Kultur, 700 v. Chr.–150 n. Chr. *(Nationalmuseum für Anthropologie und Archäologie, Lima)*

◁ 128 Garo, die Hauptstadt der Yaro-Indianer. Von oben erkennt man das steinerne Zellgewebe einer jahrhundertealten Stadt. Die Yaro verwendeten meist runde und ovale Grundrisse für ihre Häuser, die nicht isoliert standen, sondern platzsparend aneinandergebaut wurden.

129 Der Hügel der Observatorien in Huata war eine astronomische Station. Die festungsartigen Türme haben nur auf der Ostseite Fenster, in Richtung Sonnenaufgang. Im Innern bilden hervorstehende Trittsteine eine Art Wendeltreppe, die vier Stockwerke hochführt. Die Priester der Yaro haben von dort den Lauf der Sonne und anderer Gestirne beobachtet.

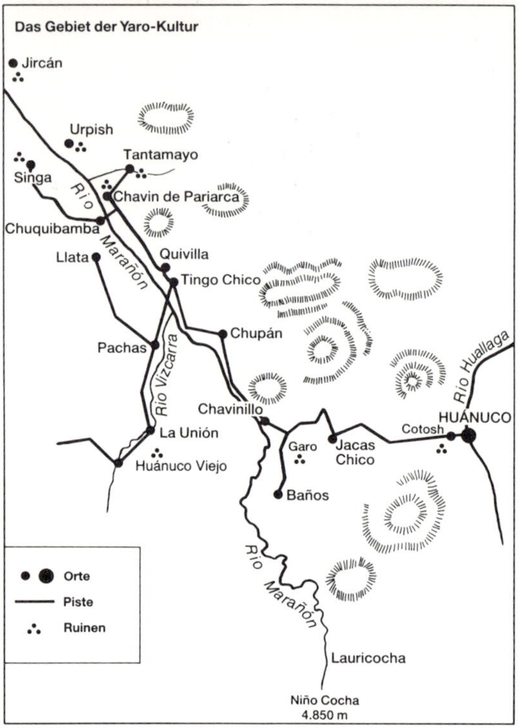

130 Piruro war der heiligste Ort der Yaro. Am höchsten Punkt der Stadt erheben sich vier- und fünfstöckige Gebäude, einmalig für ganz Südamerika. In den schmalen Nischen stellten die Yaro die Mumien ihrer verstorbenen Herrscher aus. Schon längst haben Grabräuber die reich geschmückten Leichenbündel aus dem ›Mausoleum der Könige‹ gestohlen.

131 Als wahre Erben der Sonnensöhne fühlen sich die Indios der peruanischen Sierra vor allem bei ihren traditionellen Festen, wie der im vorspanischen Brauchtum wurzelnden Wallfahrt nach Qoyllur Riti.

Wunderland Asien

Vom Dach der Welt zum heiligen Ganges

Sven Hedin schrieb nach seiner Expedition in den Transhimalaya, die ihn zum heiligen Berg Kailash und an den nahegelegenen Manasarovar-See führte: »Wie würden wohl zwei so verschiedene Religionen, wie der Hinduismus und der Lamaismus, dem *Manasarovar* und dem *Kailash* göttliche Anbetung schenken, wenn diese nicht durch ihre machtvolle Schönheit das menschliche Gemüt ansprechen und tief beeindrucken würden,

132 Eine Mauer mit wehrhaften Türmen umschließt Jaisalmer, die goldene Stadt im indisch-pakistanischen Grenzgebiet Rajasthan. Im 12 Jh. gegründet, entwickelte sich Jaisalmer zu einem wichtigen und reichen Handelsort an der alten Karawanenstraße im Westen Indiens. Seit sich im 19. Jh. mit dem Hafen von Bombay die Warentransporte vom Land- auf den Seeweg verlagerten, vor allem aber durch die Teilung Pakistans von Indien (1947), geriet die Stadt ins Abseits. Aber genau das bringt jeden Besucher in staunende Bewunderung, fühlt er sich doch in der mittelalterlichen Wüstenfestung Jaisalmer zurückversetzt in ein Märchen aus 1001 Nacht.

wenn diese nicht wirklich eher dem Himmel als der Erde anzugehören schienen.«
Tatsächlich werden Berg und See in beiden Religionen, im Hinduismus und im Buddhismus mit seiner Sonderform des Lamaismus, als heilig verehrt. Bei den Hindus wird der Kailash vom Gott Shiva bewohnt, dem Schöpfer und Zerstörer der Welt in einem. Der Gipfel stellt den Mittelpunkt des geistigen Universums dar. In den Lehren des Buddhismus ist der Berg Sitz der viergesichtigen und zwölfarmigen Schutzgottheit Samsara. Er ist umgeben und bevölkert von unzähligen meditierenden Buddhas, die den Pilgern Frieden und Segen schenken. Mittelasiens wichtige Ströme Brahmaputra, Indus, Sutlej und Karnali, die in die vier Himmelsrichtungen fließen, entspringen auf ihm.
Bei den heiligen Seen von Manasarovar und Rakastal bestimmt bereits die äußere Form ihre besondere Bedeutung: Während der erste der Sonne gleicht, ist der andere wie eine Mondsichel gekrümmt. Entsprechend gilt der Manasarovar als Sitz der Kräfte des Lichts und der Erleuchtung, während sich im Rakastal die Mächte der Nacht und der Finsternis verbergen. Er heißt übersetzt ›der See der Dämonen‹.
Zahlreiche Pilger umwandern den heiligen Berg Kailash, um dem *Nirwana* und der Erlösung näherzukommen. Anhänger der *Bon*-Sekte legen die Strecke sogar auf dem Bauch zurück, weil sie sich so noch stärker auf ihr Ziel konzentrieren können. Von den anderen Pilgern wird diese meditative Art der Fortbewegung sehr hoch geschätzt. Sie übernehmen daher bereitwillig die Versorgung der Bons und geben ihnen Essen und Geld.
Das hohe Ansehen meditativer Handlungen bis hin zu den entsprechenden Lebensformen ist absolut typisch für beide Religionen. Die Wertschätzung steht vor allem im Zusammenhang mit dem Glauben an den ewigen Kreislauf der Wiedergeburt, *Samsara*, der erst endet, wenn der Gläubige die Erlösung, *Moksha*, erreicht hat. Diesem Ziel näherzukommen, kann er nur versuchen, indem er gewisse Stadien durchlebt, die ihm das *Dharma* vorgibt, das ewige Weltengesetz, die Grundlage für Moral und Ethik.
Im Idealfall lernt der junge Mensch zunächst das Wichtigste von seinem Vater oder einem Guru, der die geistige Vaterschaft übernimmt. Mit der Heirat betritt der Mann eine neue Stufe. Er gründet eine Familie. Mit der Geburt eines Sohnes ist der Fortbestand der Sippe gesichert, außerdem versorgt dieser später die Mutter. In dieser Phase erfüllt der Mensch die Rolle, die ihm sein *Karma* bestimmt hat. Unter

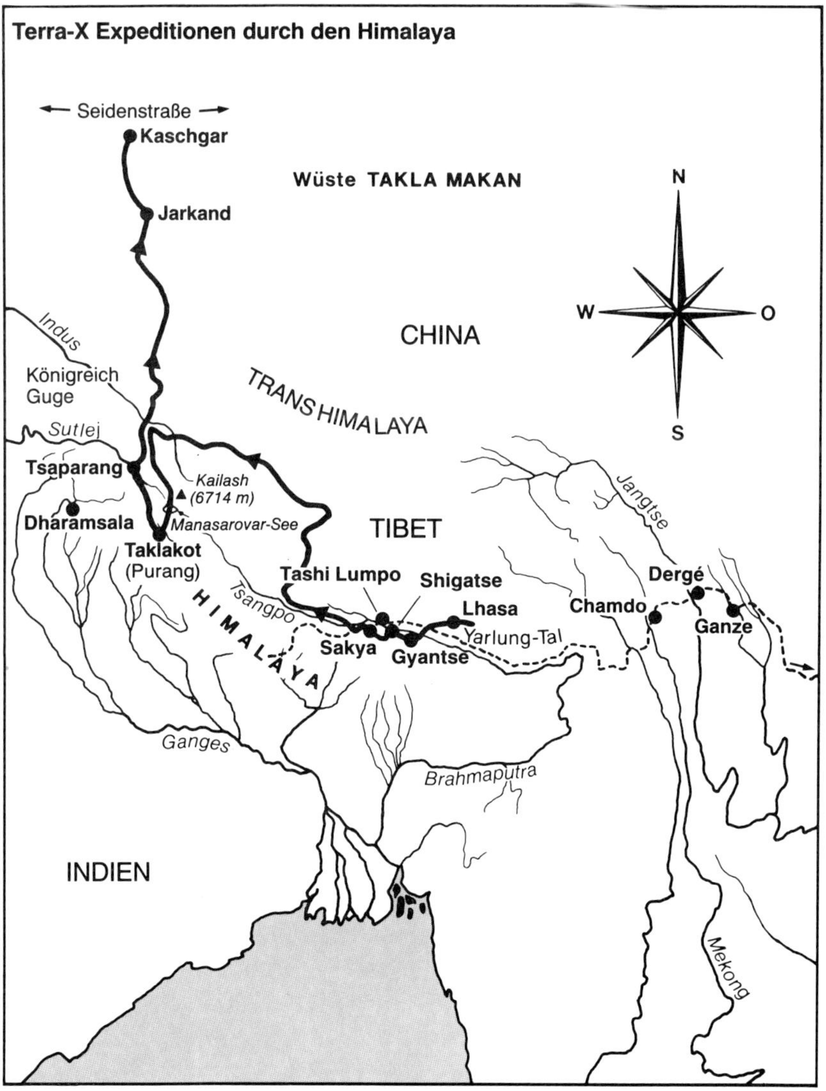

Karma versteht man alle irdischen Handlungen und die Konsequenzen, die sich daraus für das Schicksal des Menschen ergeben. Wenn die Kinder erwachsen sind, die Familie versorgt ist, gibt der Gläubige seinen gesamten Besitz an seine Nachkommen weiter. Er selbst beginnt ein Leben als Einsiedler. Er ernährt sich nur noch von dem, was er findet oder erbettelt. Er versucht, seinen Körper durch Yoga völlig zu beherrschen und widmet sich dem Studium der heiligen Schriften. Erst wenn dies alles durchlebt wurde, kann das Stadium der totalen Entsagung beginnen. Der Gläubige wird zum Wanderasket und zum Heiligen, zum *Sannyasin* oder *Sadhu* (›der Gute‹).

Ein solcher Sannyasin darf weder Besitz noch eine feste Wohnstätte haben. Er muß absolut enthaltsam leben und darf nur einmal täglich essen. Früher waren diese Asketen sogar verpflichtet, allein zu wandern und mit niemandem zu sprechen.

Sannyasins sind nicht mehr an eine gesellschaftliche Ordnung gebunden, auch nicht mehr an die Pflichten, die ihnen vorher durch die Zugehörigkeit zu einer bestimmten Kaste auferlegt waren. Ihren Lebensunterhalt bekommen sie meist von frommen Hindus, die sich auf diese Weise einen Bonus für ihr nächstes Leben verschaffen wollen. Bei diesem Weg zur Erlösung durch völlige Entsagung bleiben viele unterwegs auf der Strecke. Meditative Fähigkeiten und absolute Körperbeherrschung findet man jedoch sehr häufig. Für den Außenstehenden ist es dabei schwierig, zwischen echten religiösen Beweggründen und geschäftstüchtiger Scharlatanerie zu unterscheiden. Dennoch vollbringen einige Yogins und Sadhus außergewöhnliche Leistungen an geistiger Konzentration und Schmerzausschaltung, die einem Europäer wie Wunder vorkommen. Ein Sannyasin zu werden, ist im übrigen Männern der ersten drei großen Kasten vorbehalten. Sowohl Frauen als auch den Angehörigen der vierten und letzten Kaste - niedere Gewerbetreibende, Knechte, Leibeigene - ist dieser Weg verwehrt.

Der Glaube an die Wiedergeburt steht auch im Buddhismus im Mittelpunkt. Die Erkenntnis eines Menschen geht nach seinem Tod in den Körper eines anderen Lebewesens über, das gerade im Moment des Sterbens geboren wird. Auch hier bestimmt das vorherige Leben darüber, welches Schicksal die Seele des Verstorbenen ereilt. Sie kann in ein niederes Lebewesen wie das eines Tieres wechseln, aber auch in ein höheres, eines Königs oder Gottes. Daher ist den Buddhisten alles Lebende heilig. Sie würden nie Fleisch essen. Aber auch Mitleid und Nächstenliebe haben eine viel tiefere Bedeutung, als das bei uns der Fall ist. Denn der Gläubige gewinnt dadurch für sein eigenes Leben.

Es verwundert nur wenig, daß sich diese Ideen von Wiedergeburt und Erlösung gerade in jenen Regionen durchgesetzt haben, die zu den ärmsten der Welt gehören. So viele Menschen existieren hier in Armut und Elend, daß die Aussicht auf ein angenehmeres Dasein nach dem Tod verständlicherweise zum vorrangigen Lebensziel wird.

133 Eine weiße Kuppe in der Landschaft, der heilige Berg der Hindus und Buddhisten, der Kailash (6714 m), jener einzigartige, nie bestiegene Gipfel in der Transhimalaya-Kette. Die Hindus sehen in ihm nicht nur den Sitz des Gottes Shiva, sondern setzen ihn dem kosmischen Weltenberg Meru gleich. Seine Spitze bildet die Achse des geistigen Universums und den Mittelpunkt der Welt.

134 Pilger der Bon-Sekte aus Osttibet auf der Wallfahrt zum Kailash. Den weiten Weg dorthin bewältigen sie auf besonders anstrengende Weise, indem sie sich ständig auf den Boden werfen. Dazu schützen sie sich an Händen und Knien mit selbstgefertigten Überzügen.

135 Nomade von der tibetischen Hochebene.

136 Pilgernde Nomaden rasten im Tal der Götter während der Umrundung des heiligen Berges Kailash.

137 Tempelhof in der alten Klosterstadt und Universität Drepung, einem der drei Hauptklöster Tibets, in dem vor der chinesischen Kulturrevolution fast 10 000 Mönche lebten.

138 In der entlegenen, menschenleeren Sandsteinwüste Westtibets liegen an den Ufern des Flusses Sutlej die gewaltigen Überreste des alten Königreiches Guge, das im 10. Jh. gegründet wurde und im 17. Jh. unterging. Es war einst Zentrum tibetischer Kultur und Knotenpunkt wichtiger Handelsstraßen.

139 Über der Stadt Gwalior im größten indischen Bundesstaat Madhya Pradesh thront eine der mächtigsten Bergfestungen der Welt. Reste blauer Fayencefriese und kunstvoll gestalteter Türmchen zeugen von Reichtum und Macht der Rajputen, deren Herrscher Man Singh hier im 15. Jh. seinen Palast baute.
Der Legende nach geht der Name Gwalior auf den Heiligen Gvalipa zurück, der einem leprakranken Prinzen Wasser zu trinken gab. Der Prinz wurde geheilt und errichtete später auf dem Hügelplateau eine Festung.